『文化進化の考古学』正誤表

本文中の数式に文字が重なって印刷された部分がありました。
謹んで訂正させていただきます。

・23 ページの式（8）

$$\Delta E(\bar{z}) = -\alpha + \beta(\varepsilon + \log N)$$

・188 ページの 2 行目・3 行目

$$\begin{pmatrix} a^* \\ b^* \end{pmatrix} = \begin{pmatrix} a_1 & b_1 \\ c_1 & d_1 \end{pmatrix} \begin{pmatrix} \cos\phi \\ \sin\phi \end{pmatrix}$$

$$\theta = \arctan\frac{c^*}{a^*}$$

・189 ページの下から 3 行目

$$\begin{pmatrix} A_i & B_i \\ C_i & D_i \end{pmatrix} = \frac{1}{s}\begin{pmatrix} \cos\phi & \sin\phi \\ -\sin\phi & \cos\phi \end{pmatrix}\begin{pmatrix} a_i & b_i \\ c_i & d_i \end{pmatrix}\begin{pmatrix} \cos i\theta & -\sin i\theta \\ \sin i\theta & \cos i\theta \end{pmatrix}$$

文化進化の考古学

Cultural Evolution and Archaeology

中尾 央・松木武彦・三中信宏◉編著

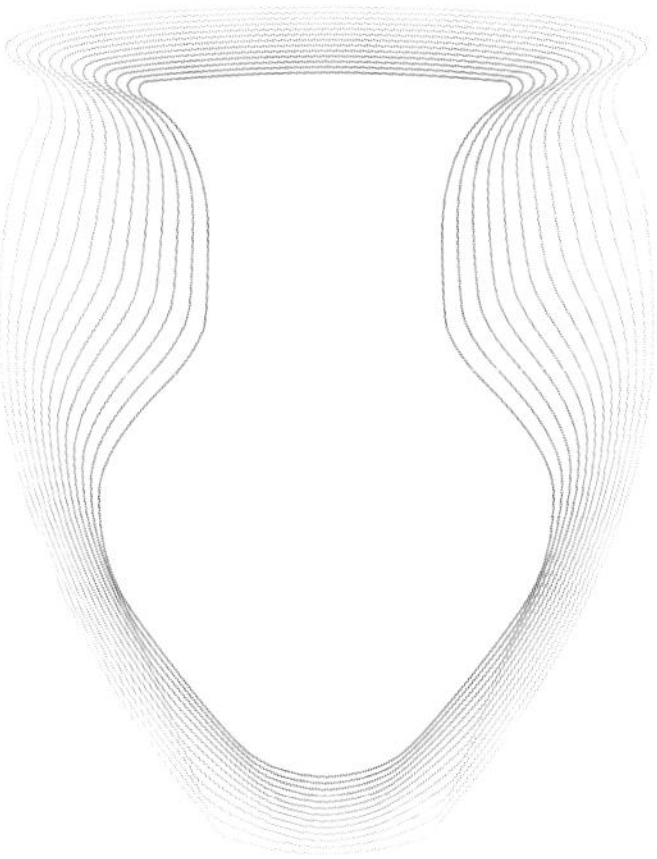

勁草書房

はじめに

中尾　央・松木武彦

日本考古学と自然科学のあいだ

これまでの日本考古学において、自然科学的アプローチは決して稀なものではない。たとえば『日本考古学』（もしくはその前身となる『考古学雑誌』）や『考古学研究』のような学会誌を見渡してみれば、初期には藤原宏志らによるプラント・オパールの研究（一九七六年）、広岡公夫による古地磁気研究（一九八一年）、東北大学のチームによる石器使用痕の実験考古学的研究（梶原・阿子島 1981）などが見つかる。近年では、炭素14年代法や年輪年代法による年代測定、酸素同位体法などによる古環境復元、人間を含む動植物遺体の同定や分析などがさかんに行われ、そのような作業の成果を参照しない遺跡の調査報告はむしろ珍しいほどである。

しかし、日本考古学の学是とされてきた日本列島の歴史叙述に、それらがどれほど主流的に盛り込まれているかという点では疑問が残る。その大きな要因は、上記の自然科学的アプローチの多くは人工物そのものに対してではなく、それを取り巻く環境や、そこに二次的に残された痕跡など、もっぱら周辺的な現象に限定されている点にある。人工物そのものの様態を歴史叙述に置き換えるための「中間理論」に当たるものは、日本考古学の場合は「型式学」であるが、ここに自然科学的アプローチの要素が組み込まれてきたことはなかった。日本考古学の「型式学」は、古くからの研究者の徒弟主義的学習と経験的直観とがないまぜになった一種の技芸であり、非言説的・非体系的であって、その意味で「学」と呼べるようなディシプリン性はなく、せいぜい「型式論」といった程度の呼び名がふさわしい。

「型式学」のこのような限界を克服するために、数理的手法に基づく考察の試みは、少数ではあるがなされてきた。第3章で紹介する古墳を対象とした数理的手法（小沢 1978）、上野佳也によるいくつかの試み（上野 1963; 1981）、また須藤隆による土器の考察（須藤 1973）などが数少ない例外である。

たとえば、上野（1963）は東日本縄文時代の石鏃に関して長さと幅を計測し、その平均値を統計的に検定し、各地域で形態に有意差が見られるかどうかを考察している。また石鏃であれば、『人類学雑誌』における埴原・岡村（1981）も（上野よりは多少込み入った方法をもちいているが）ほぼ同内容の研究である。須藤（1973）では、ある型式の土器が各地層にどのように分布しているかを明らかにするため、異なる型式の土器の数について、層序間で統計的検定を行っている。小沢の研究については第3章を参照してほしい。

ただし、こうした研究は実際のところ、かなり入門的な統計手法を使用しているにすぎない。もとより、日本考古学のさまざまな概説書において、数理的手法は繰り返し紹介されてきたし（寺田 1963; 及川 1985）、また及川と小沢もオルトンの『数理考古学』（1987）を訳し、考古学における数理的手法の紹介を試みてはいるが、こうした数理的手法をもちいた考察は、日本考古学の中で主流に食い込むどころか、数十年前に比べて微増している程度のように見える（あるいは、もしかするとほとんど変わっていないのかもしれない）。

さらに、数理的手法がよって立つ自然科学的アプローチは、進化科学という、自然・人文の違いを超えて科学に通底する国際的なパラダイムを基礎としている。ところが、考古学を含む日本の人文学においては、「進化」というキーワードはきわめて古典的な偏見や曲解に基づき、妙な価値観を織り込んだ独特の用法が因習化して、一部の極端な例では、むしろそこからの脱却が必要であるかのような主張がなされることすらある（川西 2015）。このような風潮のもとで、「学」とは異質な「技芸」としての型式学が固持され、数理的手法を含む自然科学的アプローチの中心化が阻まれているといえよう。

「あいだ」を埋めるべき理由

では日本考古学はこのまま、数理的手法を代表とする自然科学的アプローチ、およびそれがよって立つパラダイムとしての進化科学と距離をおいておくべきなのだろうか。われわれの答えは明らかにノーである。これまでに蓄積されてきたデータの量や近年進展したデータのスタイルはもはや、誰か一人、もしくは複数の人間の共同作業であっても、技芸的な直感的叙述が太刀打ちできる閾値をはるかに超えてしまっている。

寺田（1963）が言うように、大量のデータを「直感」だけで処理しようとすれば、その処理の背後にある前提が明らかにされないまま、噛み合わない議論が進んでいくだけである。遠賀川式土器の起源をめぐる議論はそのよい例だろう。どの特徴（第2章で触れられるような外傾・内傾接合など）が遠賀川式土器の起源を説明するのに、どのように重要なのか。各研究者が重要とみなす特徴を重視するあまり、噛み合わない議論が展開されてきた点は否めない（e.g. 藤尾 2002）。数理的手法では、こうした前提を明らかにし、どの前提にたってどのようにデータを見れば、いかなる結論が見えてくるか、その手順を明確にして考察を進められる。

実際、日本考古学でもさまざまな形でデータの体系的整理が進んでいる。日本旧石器学会のデータベースなどはその好例だろう（http://palaeolithic.jp/data/index.htm）。こうした膨大なデータをじっと眺めていれば、何かしら傾向性のようなものが見えてくるかもしれない。しかし、見えてきた傾向性がデータ全体の中で成立しうるものなのかどうか、すなわち、一部のデータだけに基づいた傾向性でないかどうか、それを突き詰めようとすれば、データが大きくなればなるほど、何らかのかたちで、数理的手法を用いて処理せざるをえないだろう。

もちろん、数理的手法を導入しても考古学の伝統的作業が不要になるわけもない。特に数理的手法で分析・整理された結果をどのように解釈するか、その点に関しては数理的手法では判断できない。したがって、及川（1985, p. 289）の言葉は今でも十分に生きている。「数量的研究では考古学データからそれらを解釈するための情報を引き出すために数量的手法を利用するのであって、考古学的解釈までをも導き出そうとしているのではない」。

こうしてみてくると、数理的手法を採用すべき根本的理由は五〇年前、三〇年前とほとんど変わりがない。変わったのは、その理由の背景である。数十年前に比べてはるかに大量のデータが蓄積される一方、日本考古学ではそうした膨大なデータの整理と分析をなおざりにしてきたきらいがある。典型例の一つが第2章で触れる古墳、そして第4章で触れる古人骨データだろう。これらの巨大データを整理・分析し、何が見えてくるかを明らかにしておかなければ、今後新たに取得されるデータの理解も、偏りかねない。また、これまでの議論が果たしてデータ全体を見渡してみたときにどう評価されるのか、そうした再検討も重要だろう。本書の試みは、こうした時代的背景に後押しされたものでもある。

日本考古学が数理的手法を避けてきた直接的な理由はさまざまに考えられる。多くが指摘するように、アメリカで推進され、科学的手法を大胆に導入しようとするプロセス考古学が日本考古学へ与えた衝撃、そして人文学・歴史学としての考古学を重視する日本考古学が見せたその衝撃への反発は、歴史的には十分理解できる（近藤他 1985）。しかしこうした歴史的文脈に固執して、数理的手法に目を背け続けたまま、日本考古学が健全な状態でいられるわけもない。

少なくとも、どのように数理的手法をもちいて研究していくべきかについての議論は必要だろう。失われた数十年を取り戻すべきときが来ているのである。

考古学の文化進化

第1章で井原が述べているように、現代の文化進化研究はある種の「文化の科学」（3頁）である。そして伝達される文化が「集団の多様性の構成を変化させる作用をもつ」という意味において、文化が「進化」すると考えている（7頁）。先に述べたように、このような考察は、遺伝子の解明が飛躍的に進んだ後、国際的に飛躍的な進展を遂げた進化科学のパラダイムに立脚したものである。日本における「進化」という概念の因習的理解（川西 2015）とはまったく異なり、そこには何かしらの方向性を想定しているわけでもなければ、決まった段階を予測しているわけでもない。きわめてシンプルに、文化集団の歴史的動態を明らかにしたいというだけである。これが現代の文化進化研究であり、こうした文化集団の動態を歴史的に明らかにするためには、数理的手法が一定の効力をもつ。その理由の一端は、すでに述べた通りである。

第2章、第3章の手法は、形態測定学と呼ばれる分野で発展してきた（その数学的詳細や具体的な適用方法は補遺を参照）。この手法は生物のかたちを計測するために開発されたが、そもそもの前提として、（一定の条件を満たせば）生物以外の対象にも拡張できる。そしてさまざまな対象のかたちに関して、大量のデータを取得・解析できる利点をもつ。また第2・3章の考察とも、遠賀川式土器と前方後円墳に関して、日本考古学でこれまで提案されてきた従来の仮説を定量的に検証する側面もある。

第4章の考察も同様に、日本考古学での仮説、そして近年世界的に注目されている主張を検討することが目的である。手法としては古人骨のデータを各地域・時代（縄文・弥生時代とヨーロッパ中石器時代）で収集し、時代・地域ごとに統計的な検定を行っている。

第5章では生物学と考古学の歴史的関係が論じられる。たしかにモンテリウスの文章からは、ダーウィン的な進化論よりも比較形態学の雰囲気が強く感じ取れる。また、彼のアナロジーがどこまでうまくいくかについては考古学の中でもたびたび論じられており（近藤他 1985）、生物学的手法が考古遺物に対し、無批判に適用できるわけでもない。しかし、第1章でも述べられた通り、両者の間に何かしらの類似点があり、進化という観点から、数理的手法によって考察できる可能性は残されている。むしろ三中が言うように、生物と考古遺物、ひいては人工物全体を包含できるような進化フレームワークが必要なのかもしれない。

考古学という営みもまた、文化進化の対象である。日本考古学という研究者集団による文化的営みが、考古遺物の文化進化研究によってどのように変化していくか。本書のような試みが時間をかけて文化的子孫系列を残し、日本考古学に広まっていけるかどうかは定かではない。しかし、日本考古学というある種の文化集団が岐路に立たされている今（それにさえ気づけないなら、もちろん将来などありはしない）、何かしら考え直すきっかけにはなりうるだろうか。

参考文献

小沢一雄 1978「前方後円墳の形態研究とその計数的方法の試み」『考古学雑誌』25(2)、29-46頁。

及川昭文 1985「考古学データの数量的研究」近藤義郎他（編）『岩波講座 日本考古学1：研究の方法』岩波書店、273-300頁。

クリーブ・オルトン 1987『数理考古学入門』雄山閣（小沢一雅・及川昭文訳）。

梶原洋・阿子島香 1981「頁岩製石器の実験使用痕研究（ポリッシュを中心とした機能推定の試み）」『考古学雑誌』67(1)、1-36。

川西宏幸 2015『脱進化の考古学』同成社。

近藤義郎他（編）1985『岩波講座 日本考古学1：研究の方法』岩波書店。

須藤隆 1973「土器組成論——東北地方における初期稲作農耕社会成立過程究明のための基礎的研究」『考古学研究』19(4)、62-89頁。

寺田和夫 1963「統計的方法」江上波夫・水野清一（編）『世界考古学大系16：研究法・索引』平凡社、136-142頁。

埴原和郎・岡村道雄 1981「墓に副葬された石鏃に関する統計学的検討」『人類学雑誌』89(2)、138-143頁。

藤尾慎一郎 2002「瀬戸内における遠賀川系甕の成立過程：弥生土器瀬戸内起源説の検証」『環瀬戸内の考古学』古代吉備研究会、283-312頁。

藤原宏志 1976「プラント・オパール分析による古代栽培植物遺物の探索」『考古学雑誌』62(2)、148-156頁。

広岡公夫 1976「古寺伽藍中軸線方位と考古地磁気（日本における磁石使用の起源について）」『考古学雑誌』62(1)、49-63頁。

文化進化の考古学 ―― 目　次

第1章
現代的な文化進化の理論

井原泰雄

1・1　文化進化

なぜ文化進化か

文化進化（cultural evolution）という言葉には謎掛けのようなところがある。そもそも、文化進化の「文化」は、端的に言って何を指すのか、なぜ「文化」を考えるのに「進化」を持ち出さなければならないのか。こういうところは、この言葉に込められた主張、その「心」を解き明かしてもらうまでうかがい知ることができない。

現代的な文化進化の理論は、一九七〇年代を皮切りに（Cavalli-Sforza and Feldman 1973, 1981; Dawkins 1976 = 2006; Lumsden and Wilson 1981; Boyd and Richerson 1985）、当初はゆっくりと、やがては多くの分野を巻き込みながら加速度的に発展してきた（Richerson and Boyd 2005; Mesoudi 2011a = 2016）。「現代的な」というただし書は、文化を対象とするかつての進化理論との間に線引きをするためである。文化進化論、社会進化主義、進化主義人類学などの名で知られるかつての理論は、重要な点で現代的な文化進化の理論と異なっている。たとえば、一九世紀の人類学者L・H・モーガンは、世界中の人類社会がどれも同じ道筋をたどって段階的に進歩してきたと論じ、野蛮（savagery）から未開（barbarism）を経て文明（civilization）に至る、斉一的な発展段階の系列を提唱した（Morgan 1877＝1958, 1961）。モーガン流の社会発展の理論が思い描いているのは、統合された一個の存在としての社会が、あたかも芋虫が蛹を経て蝶へと変わるように、あらかじめ定められた運命にしたがって変態を遂げていく姿である。一方、現代的な文化進化の理論は、以下で見るように、一方向的な変化経路を仮定しない点、および全体としての文化を構成する個々の形質の分布の変化に注目する点で、かつての理論と対照をなしている。

文化進化を研究する動機にはいろいろあるだろうが、共通する狙いとして、文化という捉え難い何者かをあくまで客観的な方法で分析し、あわよくばそこに潜む法則性を見出したいという思惑があると思う。つまり、現代的な文化進化の研究とは、文化の科学なのだと言って差し支えないだろう。本章では、現代的な文化進化の理論の要点を述べた後で、考古学におけるいくつかの研究事例を紹介する。R・C・ダネルは、進化考古学の観点から、人工物の「様式」（style）と「機能」（function）という古くからある二分法を再定義し、実質的に、両者をそれぞれ中立的な文化進化と適応的な文化進化の過程に対応づけることを提案している（Dunnell 1978）。人工物の文化進化を考える上で、支配的な動因が異なるこれら二つの過程を区別することはきわめて重要である。そこで、本章でも両者を別個に扱い、分析のための理論的枠組みとして、F・D・ニーマンによる中立的な文化進化のモデル（Neiman 1995）と、J・ヘンリックによる適応的な文化進化のモデル（Henrich 2004）を取り上げる。

文化をどこで切るか

英国の人類学者E・B・タイラーは、『原始文化』の冒頭で、文化（culture）、あるいは文明（civilization）を、「知識、信念、技術、倫理、規範、風習、および社会の一員としての人間によって獲得される、その他のあらゆる能力や習慣を含む複雑な総体」と言い表した（Tylor 1871）。なるほど、たしかにそうだと思う。もっとも、これをもって文化の定義とし、文化と文化でないものを峻別するのは難しいだろう。ちなみに日本においては、民俗学者の柳田國男が一九四二年の文章で、「今から三年ばかり前までは、文化は商品の広告と、学者の論文にしか使われぬ言葉であった」（柳田 1942）と言っているから、「文化」の概念が人々の間に普及したのは、存外新しいことなのかもしれない。

さて、それでは現代的な文化進化の理論において、「文化」は何を意味しているのだろう。私は、この研究分野の取り組みを、文化を定義しようとか、文化的な事象を一元的に説明しようとする試みとして捉えるべきではないと思う。研究者の多くは、むしろ「複雑な総体」としての文化の一つの切り口を提案し、それが文化の理解を深める上で比較的よい切り口であると主張しているにすぎない。

一連の研究の起源と目されるL・L・カヴァリ・スフォルツァとM・W・フェルドマンの著書『文化伝達と進化』に次の記述がある。「刷り込み、条件付け、観察、模倣、あるいは直接的教示のいずれによるかを問わず、あらゆる非遺伝的過程によって学習される形質に対して、『文化的』（cultural）という語を適用する」（Cavalli-Sforza and Feldman 1981）。これは文字通り、「文化的」な形質（以下では文化形質 cultural trait）とそれ以外の形質との区別を提案しているのであって、「文化とは何か」という問いに答えようとするものではない。構成要素が非遺伝的に伝達されるという文化の一側面に注目することが、文化研究の有効な切り口になるのではないか、という期待が込められているのである。これは、現在の文化進化の理論にも受け継がれる基本的な態度であると思う。

つまり、文化進化の「文化」は、言葉の日常的な用法からごく自然に想像されるような、曖昧模糊とした、複雑な総体としての文化を指すのではなく、個体間で非遺伝的に伝達される（すなわち文化的な）ものという、やや特殊な意味を背負わされているのである。

文化進化と生物進化

文化進化の「進化」の含意は、言うまでもなく、生物進化のアナロジーである。文化形質が個体間で伝達されることを文化伝達（cultural transmission）と言うが、結局のところ進化のアナロジーは、文化伝達と遺伝との間に一定の共通性を認めることによって成り立っている。

生物の進化が起こるためには、集団内の遺伝的多様性が必要である。集団とは同じ種に属する個体の集まりというほどの意味だ。集団中の個体は、同種に属している以上、種に固有の遺伝情報を共有している。しかしながら、一般に、集団中の個体がもつ遺伝情報は、たがいに少しずつ異なっている。遺伝情報の物質的基盤であるＤＮＡ（デオキシリボ核酸）は、ヌクレオチドと呼ばれる構成単位が鎖状に連なった分子で、遺伝情報というのは要するに四種類のヌクレオチド（Ａ、Ｇ、Ｃ、Ｔ）の並び順のことである。ＤＮＡ鎖の同じ位置にあるヌクレオチドを比較すると、個体によって種類が違っていたり、そもそも比較すべきヌクレオチドを欠いた鎖があったりする。このような違いの総和が、集団内の遺伝的多様性である。

遺伝情報は、繁殖の際に親から子へ伝達される。物質的に言えば、親のもつＤＮＡの複製が子に渡されるということだ。集団中の各個体が次世代にどれだけの子孫を残すかはさまざまな理由により変動するが、いずれにしても、すべての個体がちょうど同数の子孫を残すことは、そうそうないだろう。このため、集団中の一部のＤＮＡが次世代にたくさんの複製を残す一方で、他のＤＮＡは少ししか残さないことになる。たとえば、特定の位置にＡヌクレオチドをもつＤＮＡが、同じ位置にＧヌクレオチドをもつ別のタイプのＤＮＡよりも、平均して多くの複製を残したとする。このとき、前者のタイプが集団中で占める割合は、世代を経て増加することになる。生物の進化とは、このように、集団の遺伝的構成が時間とともに変化する過程である。なお、特定の個体がもつ遺伝情報に変化が生じることを、突然変異（mutation）と言う。突然変異は進化に必要な遺伝的多様性を創出する役割を果たすのだが、進化そのものと混同しないよう注意が必要である。

同じようにして、文化進化の過程を想定できるだろうか。まず、文化の担い手となる個体の集団を考え、個々の文化形質について集団内に複数の異なるタイプが存在することが前提となる。もし特定のタイプの形質が、他のタイプより多くの個体に伝達されるのであれば、集団の文化的構成は時間とともに変化するだろう。この過程を文化進化と呼ぼうというわけである。

もちろん、文化伝達と遺伝では、似ていないところがかなりある。情報伝達に個体の繁殖が伴うのは遺伝に特有の事情で、文化伝達は非血縁者を含むどのような個体の間でも起こりうる。遺伝では情報の媒体はＤＮＡだが、文化伝達ではこれに相当する確固たる物質的基盤を特定できない。遺伝では情報が常に「粒子」として伝わるのに対し、文化伝達では複数の形質が「融合」しているように見えることが少なくない。この他にも、探せば無数の違いを見つけられることだろう。

しかし、このような相違を認めた上で、それでも文化伝達と遺伝の間に注目すべき最小限の共通性があると考えるのが、文化進化の「進化」に込められたアイディアの核心なのである。最小限の共通性とは、情報伝達系としての文化伝達と遺伝が、どちらも集団の多様性の構成を変化させる作用をもつこと、すなわち進化を起こさせることである。

1・2　中立的な文化進化

文化進化の記録

今日の文化的多様性は、過去の文化進化の歴史を記憶している。たとえば、集団間の言語の違いは、言語の文化進化を復元するための貴重な手掛かりである。しかし、文化進化の最も直接的な記録は、何と言っても考古遺物の中に見出せるはずだ。特定の集団の物質文化において、異なるタイプの占める割合が年月とともに増減する様子が保存されていれば、それはまさに文化進化の化石である。

ニーマンが一九九五年の論文で扱ったのは、このような記録である（Neiman 1995）。彼は、米国イリノイ州の五つの遺跡群に由来する、ウッドランド期の陶器のデータ（Braun 1977）を分析した。ウッドランド期の陶器は、時代とともに厚さが減ることが知られており、厚さに応じた七つのクラスが設けられた。最も厚いクラスは初期ウッドランド期（紀元前二〇〇年以前）、二〜五番目のクラスは中期ウッドランド期（紀元前二〇〇年〜紀元四〇〇年）、最も薄い二つのクラスは後期ウッドランド期（紀元四〇〇年〜八〇〇年）に、それぞれ対応する。場所（遺跡群）と時代（厚さ）の両方を考慮すると、陶器は三五のグループに分けられる。各グループの遺物は、特定の場所で、特定の時代に作られたすべての陶器から抽出された、一つの標本とみなせる。

これらの陶器の中でニーマンが注目したのは、口縁部に施された一種の装飾である。この装飾には二六の異なるタイプが識別されており、個々の陶器はいずれか一つの装飾タイプをもつようだ。装飾は陶器製作者の間で伝達される一種の文化形質とみなせる。三五グループの遺物のそれぞれで、複数の装飾タイプが見られた。陶器製作者たちは、すでにあるタイプの装飾を模倣したり、ときには新しいタイプの装飾を自ら考案したりしたことだろう。新たに加えられたタイプのうちいくらかのものは、文化伝達によって集団内に普及したと考えられる。

新参の陶器製作者は、すでに存在する装飾タイプの中から一つを選び、それを自分でも作ってみただろう。このとき彼は、複数の装飾タイプの中から、どのようにして特定の一つを選んだだろうか。無作為に選んだというのが一つの可能性だ。無作為に選ぶとは、あたかもサイコロを振ったり、くじを引いたりするようにして選ぶという意味である。無作為の選択の下では、各装飾タイプが選ばれる確率は、そのタイプの存在割合に等しい。一方、選択が無作為だとは考えにくい場合もある。たとえば、装飾タイプの違いが、陶器の丈夫さや、持ち運びのしやすさなど、道具としての性能を左右する場合がそうだ。このようなとき、人々はより丈夫で持ち運びやすい装飾を積極的に選択すると考えるのが自然であろう。ニーマンによると、ウッドランド期の陶器については、装飾が陶器の性能に与える影響は無視しても問題ないという。このように、人工物の「様式」と「機能」の分離が可能な事例では、様式としての文化形質が無作為の選択によって伝達されるという仮説は、ひとまず妥当であるように思える（Dunnell 1978）。

中立進化

無作為の選択を認めるとすると、装飾タイプの文化進化について何らかの予測が立てられるだろうか。ニーマンは集団遺伝学の考え方から着想を得ている。

生物集団の個体間で見られる遺伝情報の違いには、個体の表現型に何ら影響を与えないものがたくさん含まれる。これらの「中立的」な多様性にかぎって言えば、集団の遺伝的構成の変化はもっぱら偶然によっている。このような偶然による変化を機会的浮動（random drift）と呼び、これによって起こる進化を中立進化（neutral evolution）という。無作為の選択に基づく文化進化は、生物の中立進化に似ている。

機会的浮動による文化進化は、集団内の文化的多様性を減少させる方向に働く。たとえば、N個体の集団で、すべての個体がたがいに異なるタイプの文化形質をもっていたとする。次世代のN個体が、親世代からそれぞれ一個体を無作為に選んで文化伝達を受けるとすると、複数の子に選ばれる親や、誰にも選ばれない親が出てくるから、親世代がもっていたタイプの一部が失われ、子世代の文化的多様性は親世代より小さくなる。これが繰り返されれば、文化形質は均一化に向かい、やがて多様性はゼロに落ち着く。

反対に、革新（innovation）や不完全な伝達による新しいタイプの創出は、集団内の文化的多様性を増加させる。このため、文化進化が機会的浮動に支配される場合でも、革新による多様性の供給があれば、両者の効果が拮抗して一定の多様性が維持されると想像できる。しかし、言葉による議論には曖昧さが残る。そこでニーマンは、集団遺伝学の理論を応用して、集団内の文化的多様性の時間変化を数式で表現した。以下の説明は、これを少しだけ簡略にしたものである。

数式による表現

N個体の集団を考える。各個体がもつ文化タイプは、文化伝達と革新により時間とともに変化する。時刻tにおいて、各個体はN個体から無作為に一個体を選び、その個体がもつ文化形質を模倣する。以下では、ある個体が模倣する相手をその個体の「文化親」と呼ぶ。この結果、時刻$t+1$において、各個体はその文化親が時刻tにもっていたのと同じ文化タイプをもつことになる。なお、各個体は確率$1/N$で自分自身を文化親に選ぶが、これはこの個体が誰をも模倣しないことと同じである。また、各個体は単位時間あたり確率μで革新を起こし、その集団にかつて存在したことがない新しい文化タイプを生み出す。

集団の大きさNや、革新率μの値は基本的に知りえないのだが、両者の積の二倍である$2N\mu$という量（以下ではθと表記する）を推定する方法がある。第一の方法は、集団内の均一性の指標を使うものである。均一性Fを、無作為に抽出した二個体が同じ文化タイプをもつ確率として定義する。時刻$t+1$において集団から無作為に二個体A、Bを抽出し、それぞれの文化親をC、Dとする。文化親は無作為に選ばれるので、CとDは確率$1/N$で同一の個体であり、この場合AとBは、どちらかが革新を起こさないかぎり、同じ文化タイプをもつことになる。また、CとDが同一個体ではない場合、両者は時刻tにおいて確率F_t（時刻tにおける均一性）で同じ文化タイプを共有しており、この場合も革新がなければAとBの文化タイプは同じになる。以上より、時刻$t+1$における均一性F_{t+1}は、次のように表される。

$$F_{t+1}=\left[\frac{1}{N}+\left(1-\frac{1}{N}\right)F_t\right](1-\mu)^2 \qquad (1)$$

この式は、単位時間あたりの均一性の変化を記述しており、これを使ってあらゆる時刻の均一性を計算することができる。

図1-1は、式(1)による均一性の変化の軌跡を例示したものである。図中の実線は$F_0=0.2$の場合、破線は$F_0=0.8$の場合を表している。どちらの場合も、均一性の値は時間の経過とともに平衡状態（図中の点線）に収束していくことがわかる。平衡状態では、機会的浮動と革新の効果が拮抗しており、$F_{t+1}=F_t$が成り立っている。革新率μが小さいという仮定の下でこれ

を解くと、近似的に

$$\hat{F} \approx \frac{1}{\theta+1} \qquad (2)$$

が得られる。図１‐１の点線は、式(2)から得られる均一性の平衡値を表している。また、式(2)を使えば、平衡状態におけるFの値からθを推定することができる。

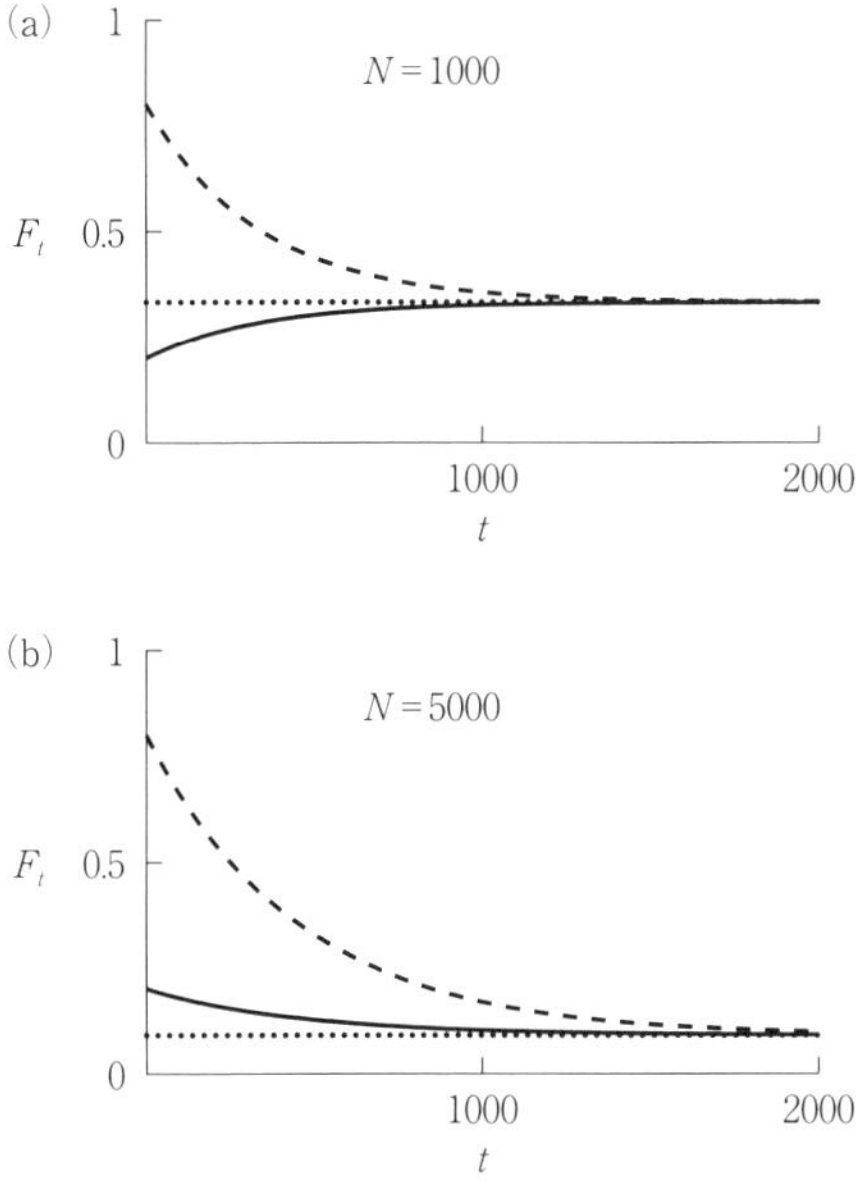

図 1-1　時刻 t における均一性 F_t（$\mu = 0.001$）。実線は $F_0 = 0.2$、破線は $F_0 = 0.8$ の場合の変化の軌跡を表す。点線は平衡状態（式(2)）を表す。(a) $N = 1000$ のとき。(b) $N = 5000$ のとき。

ウッドランド期の陶器の標本からFの値を推定しよう。Fの定義にしたがい、三五グループの標本のそれぞれについて

$$F=\sum_{i=1}^{k}{p_i}^2 \tag{3}$$

により推定値が得られる。ただし、kは特定の標本中で見られる装飾タイプの種類数、p_iは同じ標本中でi番目の装飾タイプが占める割合を表す。標本が平衡状態を反映しているとすると、式(2)の左辺に式(3)を代入することにより、θの推定値を計算できる。この方法で求めた推定値をt_Fと呼ぶことにする。

θを推定する第二の方法は、装飾タイプの種類数kを利用するものである。機会的浮動による文化進化では、各標本におけるkの期待値が

$$E(k)=\sum_{i=0}^{n-1}\frac{\theta}{\theta+i} \tag{4}$$

となることがわかっている（Ewens 1972）。ただし、nは標本の大きさを表す。式(4)に、実際の標本の大きさと装飾タイプの種類数を代入すれば、θの推定値が得られる。こちらの方法で求めた推定値をt_Eと呼び、第一の方法による推定値と区別しよう。なお、式(4)をθについて解くことはできないが、等号を満たすようなθの値を数値的に見つけることは可能である。

集団間の文化伝達

ニーマンは、三五グループの遺物のそれぞれで t_F、t_E を計算し、両者がとる値の範囲がおおむね一致することを確認した。θ の推定値には三五グループの間でばらつきが見られたが、とくに時代によるばらつきに注目すると、五つの遺跡群の θ は、初期ウッドランド期には比較的小さく、徐々に増加して中期にピークを迎え、後期には再び減少するという傾向が認められた。

ところで、θ に含まれる革新率 μ を、各個体が自ら革新する確率 v と、他集団から革新を導入する確率 m の和として考えることもできるだろう。仮に三五グループの遺物が由来する地理的・時間的広がりにおいて、集団内の革新率 v がおおむね一定だとすると、時代による θ の値のばらつきは、主に集団の大きさ N と、集団間の革新の導入率 m の違いに起因する。N や m が大きいことは、他集団から多数の革新が導入されることを意味するから、θ の値の違いは集団間の文化伝達の起こりやすさの違いを表すと言えるかもしれない。

この論理にしたがうと、初期ウッドランド期には集団間の文化伝達が少なく、中期にかけて増加し、後期には再び減少したという推測が可能になる。実際、陶器のデータから遺跡群間の文化的距離（差異）を定量化してみると、初期ウッドランド期には距離が大きく、中期には小さくなり、後期に再び大きくなるという、θ とちょうど反対の推移が見られた。この結果は、

θが集団間の文化伝達の起こりやすさの指標になるという議論を支持すると言えそうだ。

中立進化からのずれ

S・J・シェナンとJ・R・ウィルキンソンは、同様の分析方法をヨーロッパの新石器時代のデータに適用した（Shennan and Wilkinson 2001）。分析の対象はドイツ西部の線形陶器文化（LBK; Linearbandkeramik）の遺物で、紀元前五三〇〇年〜四八五〇年の遺跡群から出土したものである（Frirdich 1994）。出土する陶器には独特の装飾が見られ、三五の装飾タイプが区別されている。彼らは、代表的な二つの遺跡を取り上げ、九つの時代区分のそれぞれについて、そこに含まれる装飾タイプの種類数（k）と、各装飾タイプをもつ陶器が占める割合（p_i）を求めた。これらのデータから、式(2)〜(4)をもちいてt_Fとt_Eが算出された。

これらの値はどちらもθの推定値であり、モデルの仮定が成り立っていれば、両者は一致することが期待される。実際に、ニーマンの分析では両者は基本的に一致したようであり、またシェナンとウィルキンソンの分析でも、時代区分ごとのt_Fとt_Eの間に正の相関が確認された。しかし、後者の分析では、t_Fとt_Eの間にはっきりとした違いも見出された。すなわち、九つの時代区分のうち、最も古い二つを除く七つでは、t_Fの値が一貫して、また統計的に有意にt_Eの値より大きかったのである。

シェナンとウィルキンソンは、これを機会的浮動による文化進化からのずれ、とくに文化親が無作為に選択されるという仮定が成り立っていないことによるずれとして説明している。t_F が t_E より大きくなるような状況として、各装飾タイプが占める割合 p_i が、無作為の選択から期待されるよりも均一に分布している場合が挙げられる。分布が最も均一であるとき、すなわち k 種類の装飾タイプがすべて等しい割合（１／k）で標本に含まれるときに、t_F は最大値 $k-1$ をとる。一方、分布が極端に不均一である場合には、t_F の値は最小値０に近づく。これに対して t_E の値は、装飾タイプの分布の均一性には依存しない。以上から、シェナンとウィルキンソンは、三〜七番目の時代区分で、装飾タイプの分布を均一化するバイアス、より具体的には、珍しい装飾タイプを積極的に選択するようなバイアスが、人々の間で働いたのではないかと論じた。

シェナンらのグループは、その後もさらなるデータ解析を進めている。最近の研究では、装飾の文化伝達の過程を明示的にモデル化して計算機シミュレーションを行い、異なるモデルの間で、実際のデータへの適合の程度を比較するというアプローチをとっている（Kandler and Shennan 2015; Crema *et al.* 2016）。遺跡から出土する陶器は、製作されたすべての陶器、すなわち陶器の集団から抽出された標本とみなせる。手元にあるデータが、時刻 t_1 における標本と、それより後の時刻 t_2 における標本であるとしよう。シミュレーションの手順としては、まず時刻 t_1 における標本中の装飾タイプの分布から、背後に想定される集団での分布を推定する。

集団での分布は文化伝達と革新により時間とともに変化していくが、文化伝達の過程を数種類の異なるモデルで表現する。それぞれのモデルにしたがって時間を経過させ、時刻 t_2 に達した時点で集団から標本を抽出する。この仮想的な標本が、時刻 t_2 における実際の標本とどれだけ似ているかを見ることにより、各モデルの現実性を評価する。A・カンドラーとシェナンの論文では、文化伝達のモデルとして、無作為の選択、頻度依存的な選択、経年数依存的な選択の三種類を比較している。分析の結果によれば、より新しい装飾タイプを好むような経年数依存的な選択のモデルが、最もよくデータと合致した。

様式と機能

本節の議論は、人工物に内在する「様式」と「機能」を分離できるかぎりにおいて、様式としての文化形質が無作為の選択によって伝達されるという仮定を出発点としていた。北米のウッドランド期の陶器に施された装飾については、この仮定に基づく予測と実際の観察との間に、さしたる齟齬は認められなかった。一方、ドイツの線形陶器文化の遺物に関しては、機会的浮動による文化進化と矛盾する観察があり、当時の陶器製作者が、珍しい装飾タイプや、新しい装飾タイプを好んで模倣したと仮定するほうが、データをよりよく説明できると結論づけられた。

線形陶器文化の装飾が、陶器の丈夫さや持ち運びのしやすさなどという意味で、陶器の機能に影響を与えたとは考えにくい。しかし、特定のタイプの装飾が流行により威信を帯びるような場合には、装飾が人工物の社会的機能に影響を与えるという言い方をしてもおかしくないだろう。線形陶器文化の文化進化は、装飾が様式的であると同時に社会的機能にも影響を与えたために、中立進化からの逸脱を示した事例であるかもしれない。

1・3　適応的な文化進化

文化伝達のバイアス

「機能」に関わる形質については、文化伝達が無作為の選択に基づくという仮定は現実的でない。言い換えると、このような形質の文化伝達には、ある種のバイアスがかかっていると考えるべきである。R・ボイドとP・J・リチャーソンの著書『文化と進化的過程』は、文化進化の研究に絶大な影響を与えてきた（Boyd and Richerson 1985）。彼らはこの本の中で、文化伝達の三つのバイアスを提唱している。

一つの文化形質に複数のタイプがあって、それらが性能や魅力の上で異なっているなら、特定のタイプが積極的に選ばれ、よりよく伝達されると考えられる。このような個体の選択を、直接バイアス（direct bias）、または内容バイアス（content bias）という。より使い勝手のよい道具や、より美しい装飾が模倣されやすいような場合がこれに当たる。また、形質の性能や魅力に違いがない場合でも、集団中の多くの個体がもっているタイプが好まれたり、あるいは嫌われたりすることがある。これを頻度依存バイアス（frequency-dependent bias）という。とくに集団の多数派のタイプが好まれるとき、同調バイアス（conformist bias）があるという。線形陶器文化の例で、珍しい装飾タイプが好まれた可能性に触れたが、これは反同調バイアスと呼ばれるものである。最後に、特定の社会的役割、社会的地位を占める個体が、彼らがもつ文化タイプの如何によらず、積極的に模倣されることがある。このようなバイアスを間接バイアス（indirect bias）、あるいは威信バイアス（prestige bias）といっている。

文化伝達のバイアスに加えて、革新や不完全な伝達も文化進化に影響する。これらは、生物進化における突然変異に相当し、集団に文化的多様性を供給する働きをもつ。とくに意識的な革新は、ＤＮＡの複製エラーとは異なり、形質の機能を向上させる方向に偏って作用する。

このように、形質の「機能」は、文化伝達のバイアスと意識的な革新により時間とともに向上していくと予測できる。この過程を、適応的な文化進化と呼ぶことにしよう。適応的な文化進化は、前節で「様式」的な形質について仮定した中立的な文化進化とは多くの面で異なっており、数理的にも別個の扱いが必要になる。

蓄積的文化進化

　ところで、現在の私達が使っている道具の中には、機能の上で著しく複雑なものがある。例としてパソコンを考えてみよう。いかに発明の才に富んだ人でも、まったくのゼロから、すなわち電子工学も、算術も、数字すらない状態から、個人の革新の結果としてパソコンを生み出すことは不可能である。複雑な形質を生み出すためには、先人の肩に乗ることがどうしても必要なのだ。言い換えると、機能上の向上が世代を超えて継承され、その上にさらなる向上が積み重ねられなければならない。このような文化進化の起こり方を、蓄積的文化進化（cumulative cultural evolution）という。ヘンリックは、蓄積的文化進化の簡潔なモデルを提案した（Henrich 2004）。これは、これまでにいろいろな形で拡張されてきたモデルであり（Powell *et al.* 2009; Mesoudi 2011b; Kobayashi and Aoki 2012; Aoki 2015; Grove 2016）、またモデルから導かれる予測が考古学や民族学のデータに支持されるかどうかについて、現在さかんな議論が戦わされている（Collard *et al.* 2016; Henrich *et al.* 2016; Vaesen *et al.* 2016a, b）。このモデルを少しくわしく説明しよう。

　N個体の集団内で何らかの技術が文化伝達されている状況を想定する。簡単のため、個体がもつ技術の水準を一つの数値 z により表現する。時刻 t において各個体は、集団中の全個体の技術水準を比較し、最大の水準 z_h をもつ個体（文化親）を模倣しようとする。ただし、模倣は

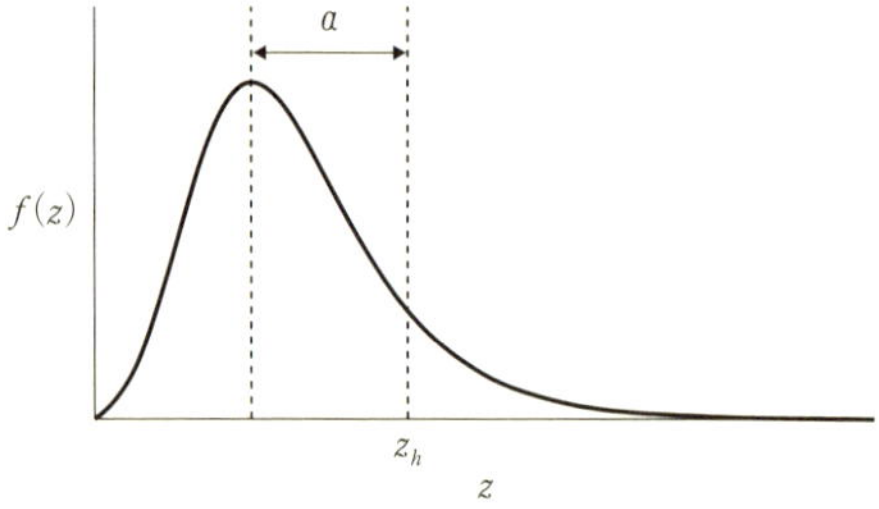

図1-2　ガンベル分布

常に不完全であり、習得される技術は多かれ少なかれ、文化親と異なっている。とくに、技術の習得は容易ではないと考え、時刻$t+1$において、多くの個体の技術水準はz_hを下回るとする。一方、少数の幸運な個体は、偶然か、あるいは意識的な革新により、z_hを上回る技術水準を獲得する。厳密には、時刻$t+1$におけるz_hを上回る技術水準が、図1-2に示すガンベル分布にしたがうことを仮定する。図中の曲線はz_h-aにピークをもつが、これは、z_hを模倣しようとする個体が、典型的にはz_h-a前後の技術水準しか習得できないことを表している。また、曲線の右裾にはz_hを超える部分があり、一部の個体が文化親を上回る技術水準を獲得することがわかる。

ガンベル分布の詳細について補足しておく。この分布の確率密度関数は

$$f(z)=\frac{1}{\beta}\exp\left[-\frac{z-(z_h-\alpha)}{\beta}\right]\exp\left\{-\exp\left[-\frac{z-(z_h-\alpha)}{\beta}\right]\right\} \quad (5)$$

であり、累積分布関数は

$$F(z)=\exp\left\{-\exp\left[-\frac{z-(z_h-\alpha)}{\beta}\right]\right\} \qquad (6)$$

である。式中に二つのパラメータ、$z_h-\alpha$とβが現れるが、前者はzの最頻値（$0<\alpha<z_h$）、後者は学習のばらつきの程度（$\beta>0$、図1-2に示した曲線の山の「幅」）を表す。また、zの期待値は

$$E(z)=z_h-\alpha+\beta\varepsilon \qquad (7)$$

となる。ただしεはオイラーの定数（$\varepsilon\approx0.577$）である。

このように、時刻$t+1$におけるN個体の技術水準は、$z_h-\alpha$とβで特定されるガンベル分布にしたがう。さらに、それ以降の各時刻でもz_hの値が変わるだけで、zはガンベル分布にしたがい続ける。以上から、N個体の平均技術水準の期待値について、単位時間あたりの変化を次のように求めることができる。

$$\Delta E(\bar{z})=-\alpha+\beta(\varepsilon+\ln N) \qquad (8)$$

なお、式(8)の導出は小林と青木の論文を参照するとよい（Kobayashi and Aoki 2012）。

式(8)で面白いのは、集団の大きさNの効果である。平均技術水準が増加するためには、集団が大きいほうが有利であることがわかる。また、平均技術水準が増加するために必要な最小の

Nは

$$N^* = \frac{\alpha}{e\beta} - \varepsilon \qquad (9)$$

である。集団がこの閾値より小さい場合、技術水準は時間とともに減少する。式(9)は、技術水準の増加に必要なNの閾値が、α/βという量に依存することを示している。もし集団中に複数の技術があり、それぞれが異なるα/βの値をもつとすれば、特定の大きさの集団において、ある技術は時間とともに向上し、別の技術は劣化するということが起こりうる。習得が比較的容易で個体間のばらつきが出やすい技術はα/βが小さくなりがちで、よって小さな集団でも水準が上がりやすい。逆に、模倣が困難で個体間のばらつきが出にくい技術は、ある程度の集団規模がないと水準を下げてしまう。

タスマニアの謎

ヘンリックは、このモデルをタスマニア考古学の謎に適用した。人類が初めてタスマニアに達したのは、三万五〇〇〇年ほど前のことだと考えられている（Jones 1995）。おそらく当時のオーストラリア南部に暮らしていた人々が、寒冷化で海水面が低下したバス海峡を踏破したのだろう。およそ一万年前に最終氷期が終わってからは、現在に至るまで、タスマニアは島となってオーストラリアから隔離されている。タスマニア人の存在がヨーロッパの知るところとなったのは、オランダのA・タスマンによる一六四二年の航海からだ。ヨーロッパとのコンタクトを果たした後のタスマニア人は、当時のオーストラリア先住民と比べて技術水準が低く、このため旧石器時代そのままの生活をする人々とみなされたらしい。たとえば、当時のタスマニア人は骨角器をもたなかったし、魚食の習慣も見られなかったと言われている（ただし反論もある：Taylor 2007）。ところが不思議なことに、二〇世紀になってタスマニア考古学の研究が進むと、数千年前のタスマニアには、骨角器や漁労技術を含む高度な技術が存在したことが明らかになったのだ。一体なぜ、これらの技術は失われてしまったのだろうか。

ヘンリックによれば、その答えは隔離による集団規模の縮小にあるという。海水面が低く、オーストラリアとの行き来があった時代には、タスマニア人は比較的多くの「文化親」を利用できた可能性がある。これは、ヘンリックのモデルのNが大きいことに相当するだろう。しかし、ひとたびオーストラリアから切り離されると、タスマニア人はその内部のみに文化親を求めることになり、ゆえにNが減少したのでないだろうか。隔離前に存在した技術の多くが、隔離によるNの減少に耐え切れず、徐々に劣化し、ついには失われたというシナリオである。例外が法則の正しさを示すということがあるが、ヘンリックは、タスマニアでもすべての技術が劣化したわけではないことに注意を促している。ひょっとすると、これらの技術はα/βの値が小さく、そのために隔離後も向上し続けたのかもしれない。いずれにしても、ヘンリックが述べているように、道具によるα／βの違いを実験的手法で定量化できれば面白そうだ。

「現代的行動」の出現

舞台は変わって、西ユーラシアの後期旧石器時代である。この地域の考古学的記録は、およそ五万年前に起こった劇的な変化を物語っている（Klein 2009）。後期旧石器時代人は、それに先立つ中期旧石器時代の人々と比較して、より高度な生業技術をもち、はるかに多様な道具を作り、また芸術や身体装飾と呼べる活動の明瞭な痕跡を残している。現代のわれわれから見ても人間らしさを感じるこれらの行動を、一括して「現代的行動」（modern behavior）ということがある。西ユーラシアにおける中期・後期旧石器時代の転換は、かねてこの地で暮らしていたネアンデルタール人と、アフリカから新たに進出して来たホモ・サピエンスとの交替劇によるものとされる。サピエンスとの競争に敗れたネアンデルタールは、三万年前頃を最後に姿を消した。

ネアンデルタールとサピエンスの交替劇には多くの謎がある。その一つが、現代的行動の出現のタイミングに関するものだ。解剖学的な意味での現生人類（ホモ・サピエンス）は、二〇万年前にはアフリカにいた可能性がある。サピエンスは、現代的行動を開花させるまでに、なぜ一〇万年以上も待っていたのだろうか。

この疑問に対しては、そもそも現代的行動の出現が、当初考えられていたほど「革命的」ではなかったという反論がある（McBrearty and Brooks 2000）。とくに、アフリカの中期石器時代からも、抽象的な刻みをつけたオーカー片や貝殻のビーズなど、芸術や身体装飾と解釈できる遺物が見つかっており、これらの年代は七〜八万年前に遡る（Henshilwood *et al.* 2002, 2004）。さらに、最近の研究では、ネアンデルタールによるとされる現代的行動の痕跡も報告されてきている（Zilhão *et al.* 2010; Rodríguez-Vidal *et al.* 2014）。

これらの証拠はどちらかと言えば散発的であり、規模の上でも西ユーラシアの後期旧石器時代に匹敵するとは言えない。しかし、現代的行動を可能にする認知能力が五万年前頃に突如現れたという仮説は、旗色が悪くなった。認知能力の違いがなかったとすれば、ある集団で現代的行動が出現し、時代や地域が異なる別の集団ではそうならなかった理由は何だろう。ここで再び、人口という変数が脚光を浴びることになる。

集団構造を仮定したシミュレーション

A・パウエルらのグループは、現代的行動の出現に人口学的要因が寄与した可能性を検討するため、ヘンリックのモデルを拡張した計算機シミュレーションを行った（Powell *et al.* 2009）。それぞれN個体からなるG個の集団が平面上に配置されたメタ集団を考える。平面上での集団の密度はDで表される。個体は集団間を移住することがあるが、移住の起こりやすさはDにより規定される。すなわち、集団の密度が高いほど移住が起こりやすいとする。メタ集団のすべての個体が同一の技術水準zをもっている状態からシミュレーションを開始し、一〇〇世代後のz値の変化を調べる。各世代で、新たに生まれた子供は、集団内の親世代のN個体がもつ技術を、基本的にはヘンリックのモデルにしたがって習得する（細部の違いは説明を省略する）。技術を習得した子世代は親世代に取って代わり、一部の個体が集団間を移住すると、一世代分のシミュレーションが終わる。

シミュレーションの結果、メタ集団の平均技術水準はα/βが小さいほど増加しやすいことが示唆された。これは、式(9)からも予想される通りの結果である。これに加えて、メタ集団の平均技術水準はDが大きいほど大きく、また、平均技術水準の増加に必要な最小のNは、Dが大きいほど小さかった。Dは集団間の行き来のしやすさを表すので、この結果は、タスマニアにとってオーストラリアからの隔離がNの減少と同等の効果をもったという、ヘンリックの議論と一致する。また、平面上にDが大きい領域と小さい領域を設けて行ったシミュレーションでは、それらの領域に対応して、集団ごとの平均技術水準に空間的なばらつきが観察された。これらの結果は、集団の技術水準が、集団規模や移住率のような人口学的要因に影響を受けることを示している。パウエルらは、いくつかの人口学的変数の推定値を参照しながら、これらの要因により、現代的行動の出現タイミングに関する地理的なばらつきを説明できると主張した。なお、先に述べたように、モデルの予測と考古学的、民族学的データとの整合性については否定的な意見もあり（Collard *et al.* 2016）、さらなる検討が待たれる。

1・4　結論

本章では、現代的な文化進化の理論の概要を解説し、考古学における研究事例を紹介した。とくに数理モデルを使った理論研究に重点を置き、ニーマンの中立的な文化進化のモデル（Neiman 1995）と、ヘンリックの適応的な文化進化のモデル（Henrich 2004）、およびそれらから派生した研究を扱った。ダネルは、人工物の様式と機能の変化を、それぞれ中立的な文化進化と適応的な文化進化の過程として捉え、両者に個別の理論的枠組みが必要であることを説いた（Dunnell 1978）。ニーマンとヘンリックのモデルは、ダネルの呼び掛けに対する一つの回答とみなせるだろう。今後の発展としては、これらの基礎的なモデルや、それを拡張したものを利用して、これまでに蓄積された考古学のデータが新たな視点から分析されることが期待される。また、考古学的に興味深い問題を検証するために、どのようなモデルが必要なのかについて理解が進めば、さらなる展開があるだろう。

本章では、考古学における文化進化の研究を網羅的に紹介することはせず、ごく少数の重要と思われる事例を平易に説明することを心掛けた。とくに本章の内容は、単一の集団内で起こる文化進化に限定されており、集団の分岐を考慮したより長期的な過程である文化大進化にはまったく触れられなかった。現代的な文化進化の理論を俯瞰するには、リチャーソンとボイド（Richerson and Boyd 2005）や、メスーディ（Mesoudi 2011a＝2016）の本が参考になる。

参考文献

Aoki, K.（2015）. Modeling abrupt cultural regime shifts during the Palaeolithic and Stone Age. *Theoretical Population Biology* 100, 6–12.（doi: 10.1016/j.tpb.2014.11.006）

Boyd, R. and Richerson, P. J.（1985）. *Culture and the evolutionary process*. Chicago: The University of Chicago Press.

Braun, D. P.（1977）. *Middle Woodland-Early Late Woodland social change in the prehistoric central midwestern U. S.* Ph. D. dissertation, University of Michigan.

Cavalli-Sforza, L. L. and Feldman, M. W.（1973）. Models for cultural inheritance: I. Group mean and within group variation. *Theoretical Population Biology* 4, 42–55.（doi: 10.1016/0040-5809(73)90005-1）

Cavalli-Sforza, L. L. and Feldman, M. W.（1981）. *Cultural transmission and evolution: A quantitative approach*. Princeton: Princeton University Press.

Collard, M., Vaesen, K., Cosgrove, R. and Roebroeks, W.（2016）. The empirical case against the 'demographic turn' in Palaeolithic archaeology. *Philosophical Transactions of the Royal Society B* 371, 20150242.（doi: 10.1098/rstb.2015.0242）

Crema, E. R., Kandler, A. and Shennan, S. (2016). Revealing patterns of cultural transmission from frequency data: equilibrium and non-equilibrium assumptions. *Scientific Reports* 6, 39122. (doi: 10.1038/srep39122)

Dawkins, R. (1976). *The selfish gene*. Oxford: Oxford University Press. (＝日高敏隆、岸由二、羽田節子、垂水雄二訳 2006『利己的な遺伝子〈増補新装版〉』紀伊國屋書店)

Dunnell, R. C. (1978) Style and function: A fundamental dichotomy. *American Antiquity* 43, 192–202. (doi: 10.2307/279244)

Ewens, W. J. (1972). The sampling theory of selectively neutral alleles. *Theoretical Population Biology* 3, 87–112. (doi: 10.1016/0040-5809(72)90035-4)

Frirdich, C. (1994). Kulturgeschichtliche Betrachtungen zur Bandkeramik im Merzbachtal. In Lüning, J. and Stehli, P. (eds.) *Die Bandkeramik im Merzbachtal auf der Aldenhovener Platte*, 207–394. Habelt.

Grove, M. (2016). Population density, mobility, and cultural transmission. *Journal of Archaeological Science* 74, 75–84. (doi: 10.1016/j.jas.2016.09.002)

Henrich, J. (2004). Demography and cultural evolution: how adaptive cultural processes can produce maladaptive losses--the Tasmanian case. *American Antiquity* 69, 197–214. (doi: 10.2307/4128416)

Henrich, J. *et al.* (2016). Understanding cumulative cultural evolution. *Proceedings of the National Academy of Sciences USA* 113, E6724-E6725. (doi: 10.1073/pnas.1610005113)

Henshilwood, C. *et al.* (2004). Middle Stone Age shell beads from South Africa. *Science* 304, 404. (doi: 10.1126/science.1095905)

Henshilwood, C. S. *et al.* (2002). Emergence of modern human behavior: Middle Stone Age engravings from South Africa. *Science* 295, 1278–1280. (doi: 10.1126/science.1067575)

Jones, R. (1995). Tasmanian archaeology: establishing the sequences. *Annual Review of Anthropology* 24, 423–443. (doi: 10.1146/annurev.an.24.100195.002231)

Kandler, A. and Shennan, S. (2015). A generative inference framework for analysing patterns of cultural change in sparse population data with evidence for fashion trends in LBK culture. *Journal of the Royal Society Interface* 12, 20150905. (doi: 10.1098/rsif.2015.0905)

Klein, R. G. (2009). *The human career: Human biological and cultural origins*, 3rd Ed. Chicago: The University of Chicago Press.

Kobayashi, Y. and Aoki, K. (2012). Innovativeness, population size and cumulative cultural evolution. *Theoretical Population Biology* 82, 38–47. (doi: 10.1016/j.tpb.2012.04.001)

Lumsden, C. J. and Wilson, E. O. (1981). *Genes, mind, and culture: The coevolutionary process*. Cambridge: Harvard University Press.

McBrearty, S. and Brooks, A. S. (2000). The revolution that wasn't: a new interpretation of the origin of modern human behavior. *Journal of Human Evolution* 39, 453–563. (doi: 10.1006/jhev.2000.0435)

Mesoudi, A. (2011a). *Cultural evolution: How Darwinian theory can explain human culture & synthesize the social sciences*. Chicago: University of Chicago Press. (＝野中香方子訳 2016『文化進化論：ダーウィン進化論は文化を説明できるか』ＮＴＴ出版)

Mesoudi, A. (2011b). Variable cultural acquisition costs constrain cumulative cultural evolution. *PLoS ONE* 6, e18239. (doi: 10.1371/journal.pone.0018239)

Morgan, L. H. (1877). *Ancient society or researches in the lines of human progress from savagery through barbarism to civilization*. Chicago: Charles H. Kerr. (＝青山道夫訳 1958, 1961『古代社会（上・下）』岩波文庫)

Neiman, F. D. (1995). Stylistic variation in evolutionary perspective: Inferences from decorative diversity and interassemblage distance in Illinois Woodland ceramic assemblages. *American Antiquity* 60, 7–36. (doi: 10.2307/282074)

Powell, A., Shennan, S. and Thomas, M. G. (2009). Late Pleistocene demography and the appearance of modern human behavior. *Science* 324, 1298–1301. (doi: 10.1126/science.1170165)

Richerson, P. J. and Boyd, R. (2005). *Not by genes alone: How culture transformed human evolution*. The Chicago: University of Chicago Press.

Rodríguez-Vidal, J. *et al.* (2014). A rock engraving made by Neanderthals in Gibraltar. *Proceedings of the National Academy of Sciences USA* 111, 13301–13306. (doi: 10.1073/pnas.1411529111)

Shennan, S. J. and Wilkinson, J. R. (2001). Ceramic style change and neutral evolution: a case study from Neolithic Europe. *American Antiquity* 66, 577–593. (doi: 10.2307/2694174)

Taylor, R. (2007). The polemics of eating fish in Tasmania: the historical evidence revisited. *Aboriginal History* 31, 1–26.

Tylor, E. B. (1871). *Primitive culture: Researches into the development of mythology, philosophy, religion, art, and custom*. London: John Murray.

Vaesen, K., Collard, M., Cosgrove, R., and Roebroeks, W. (2016a). Population size does not explain past changes in cultural complexity. *Proceedings of the National Academy of Sciences USA* 113, E2241-E2247.

Vaesen, K., Collard, M., Cosgrove, R., and Roebroeks, W. (2016b). The Tasmanian effect and other red herrings. *Proceedings of the National Academy of Sciences USA* 113, E6726-E6727. (doi: 10.1073/pnas.1613074113)

Zilhão, J. et al.（2010）. Symbolic use of marine shells and mineral pigments by Iberian Neandertals. *Proceedings of the National Academy of Sciences USA* 107, 1023-1028.（doi: 10.1073/pnas.0914088107）

柳田國男 1942「文化と民俗学」『ひだびと』10、1－13頁（『柳田國男全集28』筑摩書房）。

第2章 遠賀川式土器の楕円フーリエ解析

田村光平・有松　唯
山口雄治・松本直子

2・1　土器の文化進化研究

日本考古学における土器研究

日本考古学において、土器は特別な地位を占めてきた。土器は日常的に使用されるものが多く、器形や大きさ、器種構成などが使用者の生活様式を反映しやすい。煤や炭化物が付着したものもあり、土器を見ることで当時の炊事のあり方などもかいま見えてくるのである。また、可塑性の高い粘土で造形される土器は、機能的な要請による形態的制約だけでなく、集団の文化伝統を表すような器形や文様のバリエーションが大きい。別の地域から出土した土器同士が似ていれば、どちらかの集団から人がやってきたか、あるいは相互に文化的交流があったか、ということも推測できる。ただし、土器は重くてかさばり、壊れやすいため、頻繁に居住地を変える狩猟採集民は通常土器をもたない。しかし日本列島では、主に狩猟採集生活を営んでいた縄文時代から土器を作っており、時期や地域によって多様な特徴をもつ土器資料が膨大にあることが、日本考古学において土器研究が重視されてきたことの理由の一つである。

考古学的な土器研究の主要な方法は、型式学（typology）である（はじめに、第5章）。型式学は、生物が進化するように人工物も漸移的に変化するという考え方に基づいている。土器のかたちや文様などの特徴に基づいて型式（type）に分類し、似たものは近い時期に、似ていないものほど時期的に離れていると想定して型式の前後関係を推定する。さらに、遺跡における出土状況から（すなわち、層位学的観点から）、その順序を検証するという手続きをとることによって積み上げられてきた編年研究（chonology）が、過去の社会や文化の変化について考える際の重要な枠組みとなっている。

土器・考古遺物への数理的アプローチ

本章で考察する遠賀川式土器は、後述するように弥生時代のはじまりを特徴づける土器である。それゆえ、これまで多くの研究者が遠賀川式土器の系譜や地理的分布について研究を行ってきた。しかし、この遠賀川式土器に対する数理的な研究はほとんど見られず、経験に基づく主観的分類を中心とした型式学的研究・編年研究が主流となっている。だが、遠賀川式土器の形態が比較的斉一的であることを考えると、連続量を扱える数理的手法のほうがよりよくその特徴を捉えられる可能性がある。

本書の中心テーマである文化進化の実証研究の特徴として次の三点がある。一つ目は生物進化に基礎をおく概念整理、二つ目は個体間の文化伝達から集団の文化的多様性が形成されるという、マクロ（集団）レベルの現象をミクロ（個体）レベルから説明する姿勢、そして三つ目は進化生物学から援用してきた一連の数理的手法、である。

本章では、このうちとくに三番目の数理的手法について扱う。考古学と数理というと、なじみがうすい印象を受けるかもしれない。しかしながら、実際は過去から現在に至るまで、（定着するには至っていないものの）考古学に数理的手法を導入しようとする試みは幾度となく行われてきた。たとえば有名な例に、ルイス・R・ビンフォードによる石器組成の因子分析（Binford & Binford 1966）がある。計算機シミュレーションは、一九六〇年代の後半からさまざまな目的に使用されてきた（Sabloff 1981; Lake 2014）。近年では、ロンドン大学のスティーブン・シェナンのグループ（Shennan 2011, 2012; Shennan *et al.* 2015）、ミズーリ大学のマイケル・オブライエンのグループ（O'Brien & Lyman 2000）、ニューヨーク州立大学のスティーブン・ライセットのグループ（Lycett & Chauhan 2010）などが、文化進化の手法をもちいて実際に考古遺物の解析を行っている。

文化現象を数理的に解析するためには、当然ながらどういった特徴に注目するのかを明示しなければならない。これまでの文化進化研究の多くで採用されてきた方法は、ある形質を離散的にコード化することである。たとえば、集団Aで、ある単語を使用していれば1、使用していなければ0として、1と0からなる配列を作る。こうしたデータ化は、言語系統学（Gray & Atkinson 2003; Lee & Hasegawa 2012）のほか、カヌーの進化（Rogers & Ehlich 2008）や民話研究（Ross *et al.* 2013）でも行われている。日本旧石器時代データベース（日本旧石器学会編

2010）も、この形式だといえる。このデータベースでは、「ナイフ形石器」「台形様石器」「剥片尖頭器」等のカテゴリーに石器を分類し、各遺跡から分類した石器が出土したかどうかを、空欄か「○」かでコードしている。これは個数や全体の中での頻度といった情報は捨象しているため、遺跡レベルで、0と1の配列を作成することに等しい。

一つの項目に複数の変異を認める方式もある。たとえば、ある項目について、AAしていればa、BBしていればbのように記号化する方法である。先述した0と1の配列との違いは、ある要素のとりうる状態が三つ以上というだけである。連続量の場合、たいていはある閾値を設けて離散化される。前述したオブライエンらは、石器の諸属性をこの方式でコード化している。たとえば、石器の最も幅のあるところが、石器の長さを四分割したうちのどこにあるか（1から4までのどれかに各石器が分類される）や、石器の幅に対する長さの比（1～1.99までは分類1、2～2.99までは分類2……と分類される）などの特徴をもちいて、各石器をコード化している。文化進化の研究（たとえばCurrie *et al.* 2010）でよく使われるジョージ・P・マードックの民族誌のデータセット（Ethnographic Atlas）もこの形式である（Murdock 1967）。マードックは、たとえばある集団について、家畜が不在（O）、ヤギやヒツジ（S）、ウマ科（E）……のように、ある項目について複数の変異を許すかたちでコード化している。そして、婚姻形態や社会組織についても同様にコード化することで、集団ごとに長大な文化の配列データを作成している。Brown *et al.*（2014）やRzeszutek *et al.*（2012）は、台湾の集団の音楽の諸要素をこの方式でコード化し、作られたコード配列間の距離を測ることで、曲同士の違いを定量化した。たとえばBrown *et al.*（2014）は、このようにして得られた音楽の距離が、遺伝的距離と相関している（遺伝的に離れた（近い）集団同士は、音楽の違いも大きい（近い）傾向がある）ことなどを報告している。

こうした方法には、いくつかの問題点がある。第一に、抽出する特徴は、研究者が選定する。数理解析の利点として、客観性が挙げられることも多い。こうしたコード化の方法では、たしかにコード化後の処理に関しては客観性が担保されるかもしれないが、コード化それ自体は恣意的にならざるをえない。また、文化間の違いの度合いを、何らかの距離をもちいて計算する場合がある（Brown *et al.* 2014; Rzeszutek *et al.* 2012）。ここでは、よく使われるものの一つである、ジャッカード距離（Jaccard distance）を取り上げる（Jaccard 1912）。0と1の配列を例に説明する。この距離は、二つの配列ともに共通して1をもっている数を、二つの集団間のどちらかが1である数で割ったものとして定義される。集団Aが011001という配列をもっており、集団Bは011010という配列をもっていたとする。この場合、それぞれの配列が共通して1をもっている部分は、二番目と三番目である。どちらかの集団が1をもっている要素数は四なので、2/4=0.5がこの集団の文化的距離である。このとき注意したいのは、要素間の重みづけはすべて等しいということである。すなわち、二つの集団を特徴づけるのに、二番目のほうが三番目より重要であるような可能性は考慮できない。われわれは過去の人々がどのように文化の違いを認識していたか知る術がないため、重みがすべて等しいという仮定には、操作上は一定の妥当性があるかもしれない。一方で、文化要素の重みが完全に同一ということはありえないので、可能なかぎり避けるべきという考え方も成立するだろう。

前述したように、数理的な解析を行ったからといって必ずしも客観性が担保されるわけではない。解析の妥当性は、何らかのモデルによってしか保証されない。その一方で、ある場合には、たしかに数理的な解析が有効である状況が存在する。本章で紹介する楕円フーリエ解析（elliptic Fourier analysis）は、（たとえば先述した0と1の配列の例のように）どのような特徴が対象の形態の違いを決めるのに重要かが未知な場合や、形態変異を連続的に理解したい場合に有効な手法である。本章では、この手法の実践例として、遠賀川式土器の輪郭形状を対象とした分析を行う。

２・２　弥生時代のはじまりと遠賀川式土器

遠賀川式土器と弥生文化

遠賀川式土器は、西日本一帯に分布する弥生時代前期（六〇〇～三〇〇 cal BC））の土器様式（style）の総称である。日本列島では、土器をもつ狩猟採集民による縄文時代が、約一万六〇〇〇年前から二八〇〇年前までの長期間にわたって続いた後、水田稲作による食料生産によって特徴づけられる弥生時代へと移行する。遠賀川式土器は、西日本の縄文時代終末の土器型式である刻目突帯文土器と共伴することから、最古の弥生土器とされてきた（杉原 1955）。弥生時代早期・前期の土器型式の地理的分布を図2－1に示す。

弥生時代のはじまりは稲作の開始を指標とする考え方が主流であるが、一九七〇年代末から一九八〇年代にかけて、福岡県の板付遺跡や佐賀県の菜畑遺跡において水田遺構から縄文時代晩期後半とされていた土器が出土したことにより、弥生時代前期の遠賀川式土器の成立より前に稲作が始まっていたことが明らかとなった。そこで、遠賀川式の成立より古い段階、北部九州や中国・四国地方の一部ですでに農耕が導入された段階については、弥生時代早期あるいは弥生時代開始期として位置づけることが一般的になってきている。弥生時代の開始年代については、北部九州では紀元前一〇世紀に遡る可能性が放射性炭素年代に基づいて指摘されており（春成他 2003; 藤尾他 2005）、研究者の間で活発な議論があるが、遅くとも紀元前八世紀には水田稲作が始まっていたとみられる。

弥生文化は、韓半島に由来する文化と在来文化が複合し、独自に成立した要素も加わることによって成立したと考えられている（橋口 1985; 春成 1990; 松本 2000, 2013）。図2－2に、遠賀川式土器（板付Ⅰ式）の成立過程を示す。当然ながら、縄文時代から弥生時代への変化は日本列島で一律に起こるものではなく、韓半島の影響が強い地域から始まり、数百年かけて次第に

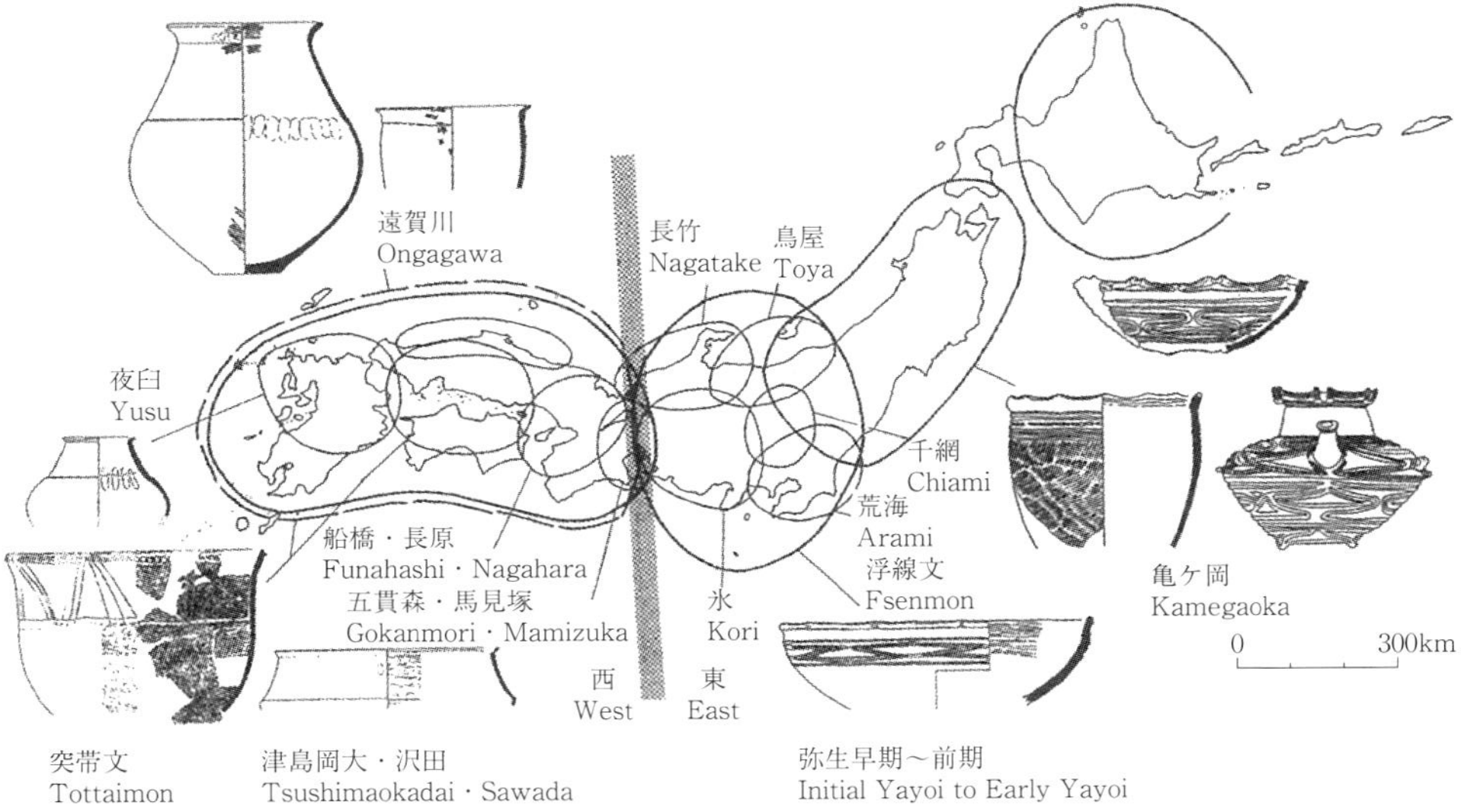

図 2-1　弥生時代早期・前期の土器様式の地理的分布。図は小林（2013）から転載。

拡散していくというプロセスをとる（小林 2013）。

以上のことから、遠賀川式土器は、弥生文化の成立と拡散を示す指標として重要な資料であり、かなり古くから研究の対象となってきた（柴田 2014）。遠賀川式土器という名前が提唱されたのは一九三二年のことであり、山陽地方から東海地方（とくに伊勢湾沿岸）に至るまで、北部九州で出土した土器に類似した、かなり斉一的な土器が出土することから、これらの土器を遠賀川式土器と呼ぶようになった（遠賀川とは北部九州に流れる河川であり、最初の遠賀川式土器はこの河川流域で発見された）。また従来より、農耕が韓半島経由で拡散していったと考えられていたため、遠賀川式土器の分布はこの農耕拡散の範囲や経路を示すと考えられていた。しかしこの遠賀川式土器と従来の縄文土器とは形態的にも大きな隔たりがある。最初期の遠賀川式土器である板付Ⅰ式土器と縄文時代晩期末の突帯文土器である夜臼式土器を比較すると、夜臼式土器が胴部で屈曲し、屈曲部と口縁部に刻目突帯を貼りつけるのに対して、遠賀川式土器は胴部の膨らみからやや外側に開く口縁部まで曲線的な器形となっている（図2－1、2－2）。この大きな形態差を踏まえると、遠賀川式土器が縄文土器から直接的に派生したとは考えにくい。では、遠賀川式土器はどのように成立したのだろうか。

その起源の一つとして想定されているのが、韓半島の無文土器である（図2－2）。休岩里遺跡や検丹里といった遺跡から出土した土器は、曲り田遺跡などで出土している遠賀川式土器の祖型と考えられる土器と形態的にかなり類似している。もう一つの重要な類似点は、土器の

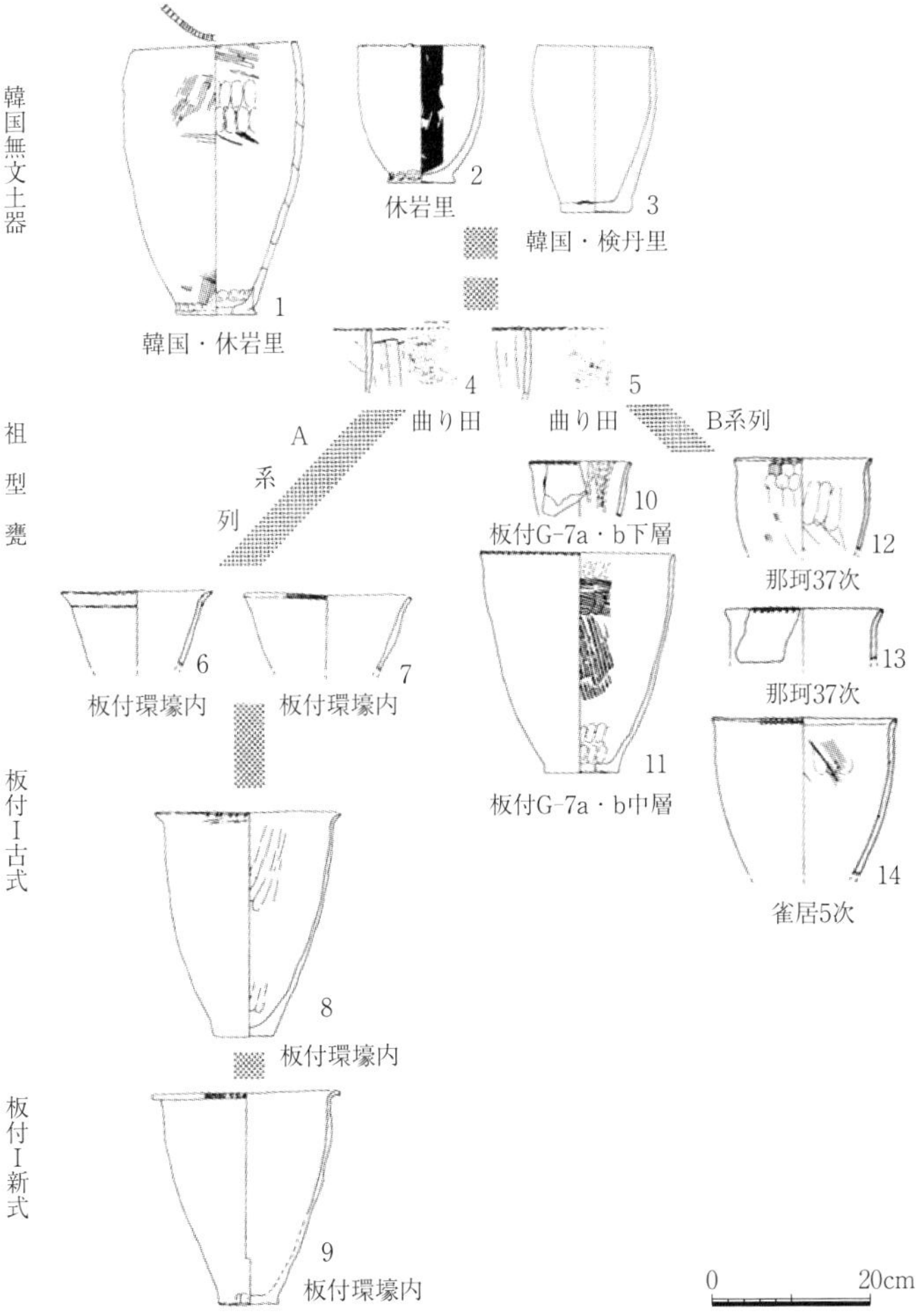

図 2-2　板付Ⅰ式の成立過程。板付Ⅰ式は遠賀川式（系）土器の祖型となったと考えられている。図は藤尾（1999）から転載。

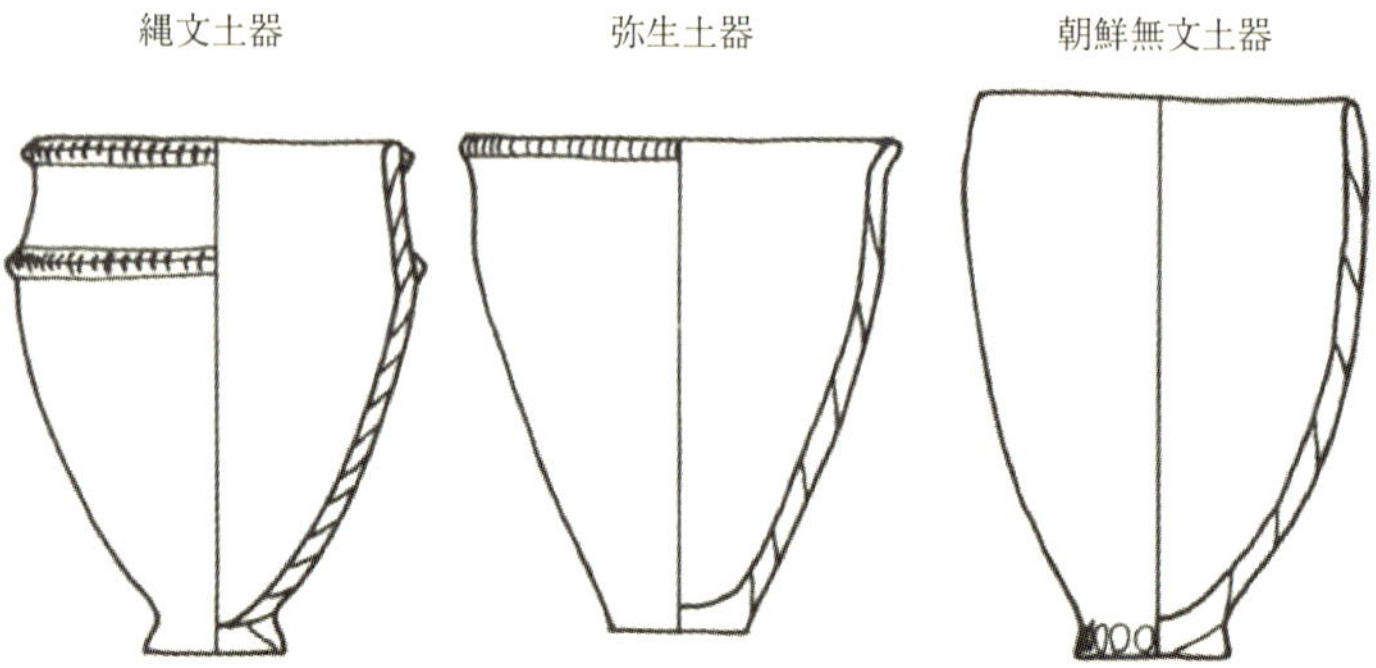

図 2-3　縄文土器・弥生土器・朝鮮無文土器の接合方法の模式図。図は家根（1984）から転載。

製作技法である。考古学における土器の実測図は、中心から左側は外面の様子を、右側には断面の形態を表すというルールがある。縄文土器や弥生土器のように、粘土紐を積み上げて成形する土器の場合、粘土紐の接合面がわかるときにはそのラインを実測図に示す。紐状ないし帯状の粘土を積み上げる際に、どのようにして圧着するかによって、断面に表れるラインは外側が下がるように傾斜したり（外傾接合）、内側に下がるように傾斜したりする（内傾接合）。縄文土器は基本的に幅二センチメートルほどの粘土紐を内傾接合で圧着して成形しているが、韓半島の無文土器は幅四センチメートル程度の粘土帯が外傾接合となるものが多く、遠賀川式土器も同様の方法で製作されているものが多いのである（図2－3）。こうした研究成果に基づいて、遠賀川式土器は韓半島の影響を強く受けながら成立した、とする見解が提示され、広く受け入れられてきた。

遠賀川式土器は西日本一帯で高い斉一性をもつこと

から、北部九州で成立した弥生文化が急速に拡散したことを示すと考えられてきたが、土器の詳細な検討が進むなかである程度地域性が見られることも明らかにされている（土器持寄会論文集刊行会 2000）。厳密に遠賀川式とは言い難い資料については、遠賀川「系」土器と呼ばれることもある。さらに、遠賀川式土器が韓半島からの影響を受けて北部九州で成立し、そこから農耕とともに各地域へ拡散していったというストーリーを批判する研究者もいる。韓半島との関係や日本列島における地域間関係はより複雑であり、遠賀川式土器が瀬戸内地域（とくに岡山もしくは高知）で成立したとする説も提唱されている（豆谷 2009 を参照）。

本章ではこうした諸説をすべて詳細に検討することはできないが、まずは遠賀川式土器が韓半島の影響を受け、北部九州で成立したとする主要なモデルについて、従来の記述的・感覚的な型式学的考察ではなく、数理的アプローチによって検証を試みる。冒頭でも触れたように、遠賀川式（系）土器のような比較的斉一性が高い考古資料の変異を解析するためには、型式学的な方法により型式内の形態的多様性を捨象するよりも、特徴を連続量で捉える分析手法が適していると考えられるからである。

楕円フーリエ解析は、幾何学的形態測定学（geometric morphometrics）とよばれる手法群の一つである。主に生物の形態解析に用いられているが、近年では人工物の解析にも応用されており、日本考古学での例に金田（2013）、津村（2007）、矢野（2006）、山口他（2012）などがある。

本研究では、楕円フーリエ解析を用いて土器形状を定量的に評価することにより、遠賀川式土器の地理的変異について議論する。

2・3　解析手法

使用するデータセット

遠賀川式（系）土器は西日本を中心に分布し、東北地方でもいくつかの遺跡で確認されているが、今回は遠賀川式土器の成立と初期の拡散の状況に焦点をあてるため、遠賀川式の成立前後の韓半島、九州、山口の七か所の遺跡から出土した甕一二二点を分析対象とした（表2－1）。なお、資料の選定には一定の基準を設けている。後述するように、本分析は対象の輪郭形状を定量化する手法であるため、（二次元の）完全な形に復元された土器実測図が分析データとなる。土器は多くの場合破片として発掘されるが、破片を接合することで全体像が復元される。ここでいう「完全な形（完形）」とは、少なくとも二次元の実測図において完全な形が示されたものを指している。この基準に基づいてある程度のデータ量が確保できる遺跡を分析対象として選定した（表2－1、図2－4）。

大韓民国忠清南道の休岩里遺跡と慶尚南道の検丹里遺跡は、無文土器時代中期の遺跡であり、

表2-1　分析に使用した遺跡ごとのデータ数

番号	遺跡	地域	個体数
1	休岩里	韓国・忠清南道	3
2	検丹里	韓国・慶尚南道	20
3	雀居	日本・福岡県	18
4	板付	日本・福岡県	21
5	曲田	日本・福岡県	2
6	菜畑	日本・佐賀県	18
7	綾羅木郷	日本・山口県	36

日本列島における弥生時代早期と同時期のものである。福岡県の曲り田遺跡と佐賀県の菜畑遺跡の資料は、弥生時代早期のものであり、福岡県の雀居遺跡と板付遺跡、山口県の綾羅木郷遺跡の資料は弥生時代前期の遠賀川式が中心である。解析のために、完形の土器実測図をスキャンし、白と黒に二値化することで輪郭の抽出を行った。

楕円フーリエ解析

楕円フーリエ解析は、幾何学的形態測定学と呼ばれる手法群の一つであり、輪郭形状の定量的な記述を可能にする（Claude 2008; 生形 2005）。第3章でもちいられている標識点（landmark）ベースの方法は、複数の形態間で対応づけられる点の座標同士を比較する方法である。一方で、楕円フーリエ解析のような輪郭ベース形態測定学は、輪郭が閉曲線（一周するともとの点に戻る）であることを利用して、形態の比較を関数の比較として行う方法である。詳細は補遺で解説す

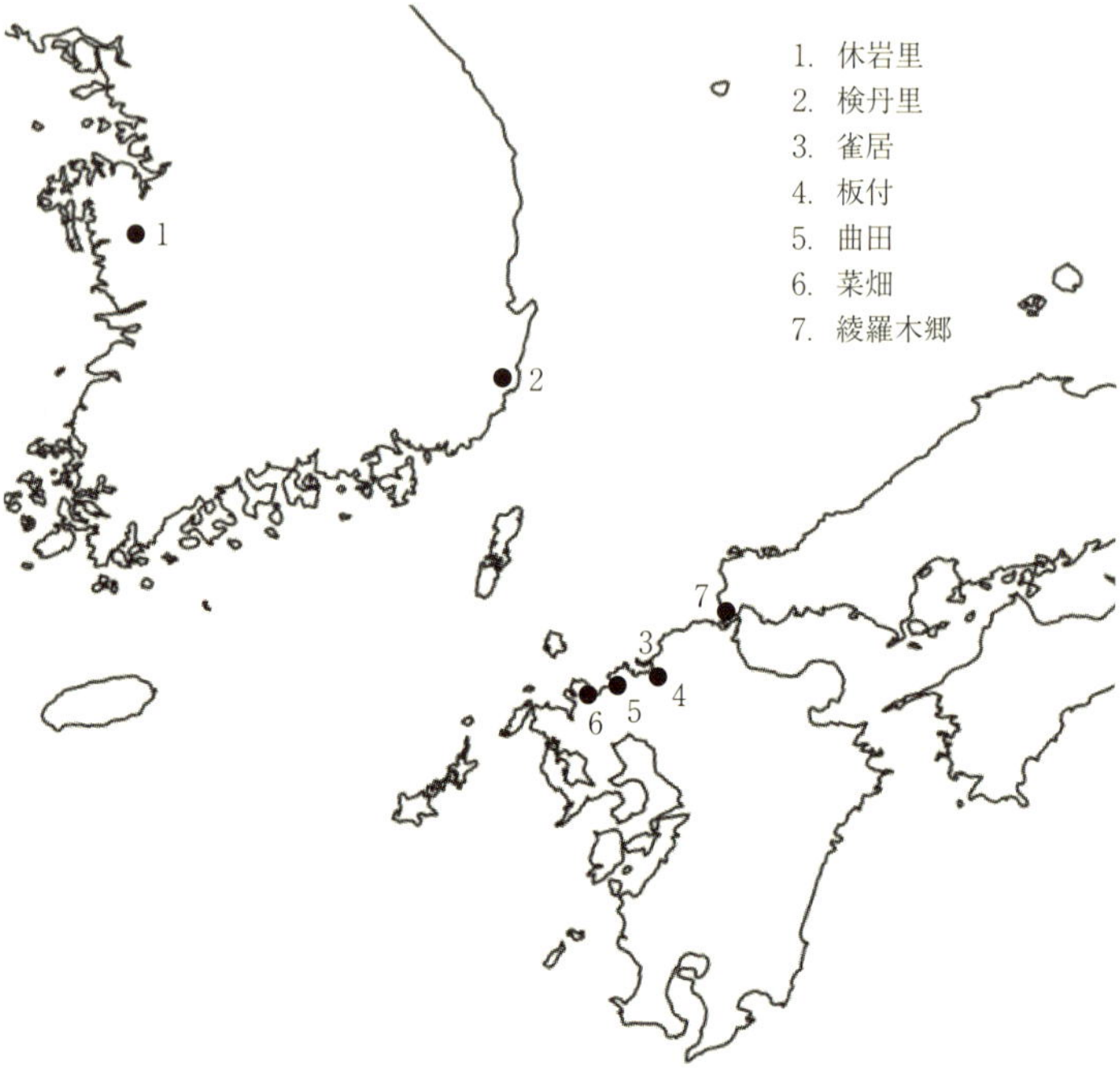

図 2-4　分析に使用した遺跡の地理的分布。番号は表 2-1 に対応。板付遺跡と雀居遺跡を表すドットは、地理的に近接しているため重なっている。

るが、この手法をもちいることで、たとえば土器の輪郭のような二次元の線を、無数の数（フーリエ係数と呼ばれる）の組として表現することができる。たとえばある輪郭線は（−0.058, 0.988, 0.0053, …）といった具合に表現されるし、別の輪郭線は（−0.017, 0.895, 0.0039, …）と表現される。こうした膨大な数の数値を人間がそのまま理解することは難しい。そのため、多次元データ（ここではフーリエ係数）を低次元に縮約するための方法である主成分分析をもちいて、人間の理解（解釈）しやすいレベル（次元）に情報を圧縮する。この分析の結果得られる（合成）変量が主成分である。楕円フーリエ解析および主成分分析には、R version 3.3.1（R Core Team 2016）と Momocs パッケージ（Bonhomme *et al.* 2014）を使用した。

２・４　解析結果と考察

主成分分析による解析結果

主成分分析の結果を図２－５に示す。各主成分の寄与率は、その主成分によってもともとあった輪郭形状の変異のうちどの程度の割合が説明できているかを表している。たとえば、第一主成分の寄与率は五五パーセントだが、このことは、輪郭形状の変異のうち半分以上が第一主成分に要約されていることを示している。つまり、寄与率の値が大きければ、それだけ少数の変数でもともとの形状変異全体の情報量を減らすことなく捉えられていることを示している。本章で行った解析の利点として、主成分をフーリエ係数に逆変換することにより、主成分と対応する形態変化を可視化できることが挙げられる。図２－５に示されている土器の輪郭形状がそれである。これをみると、第一主成分は口縁部の開き具合を、第二主成分は左右の非対称性を表すと解釈できる。遺跡を便宜上出土地域（韓国、福岡、佐賀、山口）ごとに分け、それぞれの地域内の平均を比較した。各地域の土器は、ゆるくではあるが、それぞれクラスターを形成しており、福岡と佐賀のクラスターは重なりあっている。また、第一主成分の値は、韓国、福岡・佐賀、山口の順に小さい。第二主成分は、韓国、佐賀・福岡、山口の順に、各地域内の変異が大きくなっている。言い換えるならば、韓国の土器の第二主成分の値はゼロ付近にまとまっている傾向がある一方で、山口の土器には、第二主成分の絶対値が比較的大きなものも存在する。

一方で、第二主成分についての解釈は慎重に行われるべきである。本研究で扱ったデータは実測図であり、本来は三次元の土器形状を、二次元に写し取ったものである。そのため、図化する方向や土器の正面観の認識差によって左右非対称の度合いは変化する可能性がある。つまり、今回の解析で左右非対称であるとされた土器も、別の角度から見たならば左右対称である可能性があるし、実測図上で右に傾いているか左に傾いているかの違いに実質的な意味はない。

図２－６は、第一主成分と第三主成分の関係を示している。第三主成分において、韓半島の土器と、日本列島の土器（福岡、佐賀、山口）は別のクラスターを形成する傾向にあった。第三主成分は胴部最大径の位置を表すと解釈できる。朝鮮無文土器では胴部最大径がなかほどにあり、遠賀川式土器では口縁直下にあるという指摘はこれまでもなされている（藤尾 2009）。先行研究と整合性がとれているといえる。

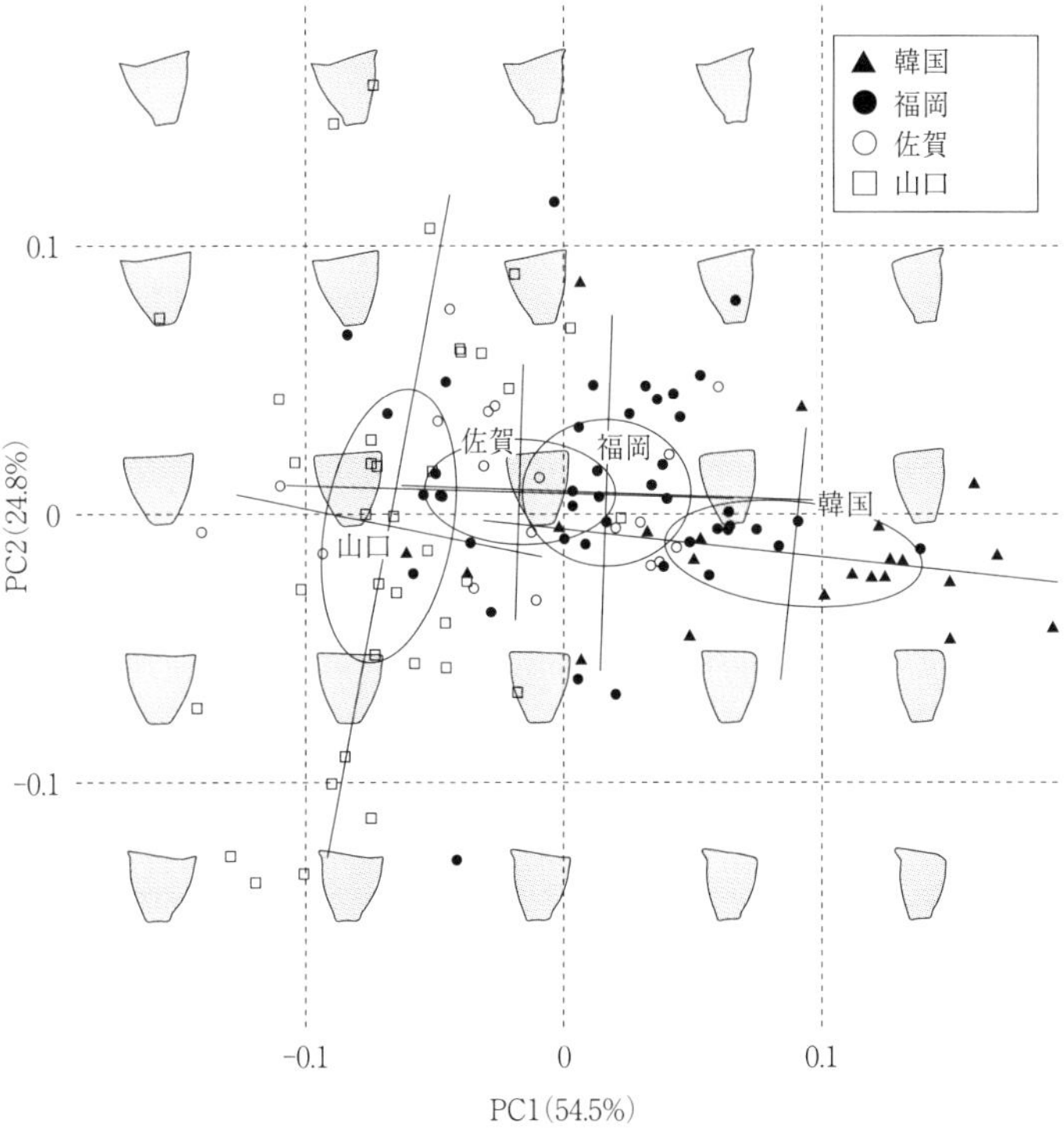

図 2-5　主成分分析の結果①。横軸第１主成分、縦軸第２主成分。各点は土器１個体を表す。黒三角、黒丸、白丸、白四角はそれぞれ韓国、福岡、佐賀、山口の土器を表している。十字の中心は各地域の平均の値であり、円内および十字線は、それぞれ 50% と 90% の信頼区間を表している。背後の土器の画像は、その近くの土器がどのような形状をしているかを示している。

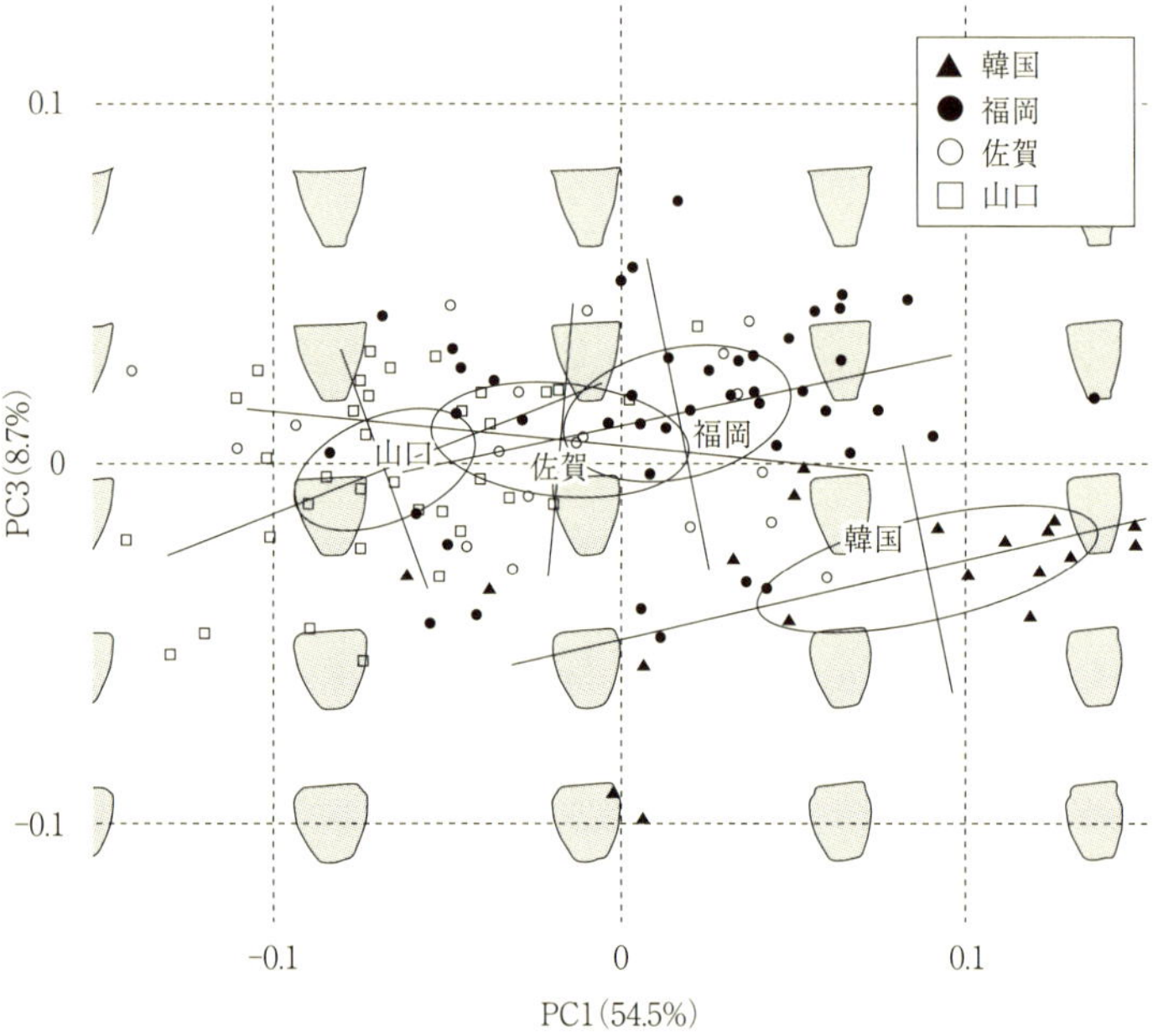

図 2-6　主成分分析の結果②。横軸第 1 主成分、縦軸第 3 主成分。各点は土器 1 個体を表す。黒三角、黒丸、白丸、白四角はそれぞれ韓国、福岡、佐賀、山口の土器を表している。十字の中心は各地域の平均の値であり、円内および十字線は、それぞれ 50% と 90% の信頼区間を表している。背後の土器の画像は、その近くの土器がどのような形状をしているかを示している。

考察——遠賀川式土器はどこからきたのか

本研究では、楕円フーリエ解析により、遠賀川式土器の輪郭形状が、ゆるくではあるが地理的にクラスターをつくることを示した。さらに、それらクラスター間の関係は、隣接地域間で最も類似性が高いことも明らかとなった。つまり、現状では、弥生時代早期と同時期における韓半島の遺跡群と最も近い土器形状をしているのは福岡や佐賀の遺跡といえる。このことから、韓半島からの文化的影響がまずは北部九州におよび、それからその他の地域に拡散していったとする考え方と整合的な結果を示すことができた（たとえば小林 2013）。今後データを追加していくことで、「文化系統」を可視化することができると考えている。

今回は、土器を地域（現在の行政区分）に分割し、平均値をもとに議論を進めた。しかしながら、実際のところ、土器形状の変異は地域内であっても大きい。このような個別の土器の類似度は、地域間の情報伝達を考えるうえでも、同一集団内で作成される形態変異を考えるうえでも、有用な情報を含んでいると考えられるが、今回の議論では相対的に広域の地理的変異に着目したため検討していない。このように、理解のための分類や次元圧縮の方法が、解析の過程でどこかに入ることは避けられない。その場合に、どこに恣意性が入りうるのか、どこで情報が削減されているのかを理解しておくことが重要だろう。

課題とこれから

本研究の課題として、第一に、解析に使用したデータは実測図であるため、どのような方向から図化されたものであるかに結果が依存しうる、ということが挙げられる。実際の土器は三次元であるため、どのような向きから作図するかによって、二次元に写し取った場合の形状が異なりうる。この問題点に対しては、三次元データの測定が解決策になりうる。ただし、考古資料において三次元データを得ることができる完形の土器はきわめて稀である。二次元であれば、いずれかの面から見て「完形」であればよいが、三次元データであれば、どの面から見ても完形でなければならないからである。

第二の課題は、土器形状の地理的変異を生み出した具体的な人間活動を解析の射程に含むことができなかった点である。進化生物学と同様、文化進化の研究も、データに見られるパターンと、それを生み出すプロセスの区別を重視する（中尾 2015）。「パターン」とは、今回の解析で示した土器形態の類似度のような、データの関係性のことである。一方、どのようにしてそのデータが生み出されたのかを探求することが「プロセス」の研究である。たとえば遠賀川式の場合では、ヒトの移動があったのか、文化のみが伝わったのか、文化が伝播したのであれば何らかの学習バイアスが働いたのか、といったことの推定がプロセスの研究にあたる。言い換えるならば、土器形状の類似をもたらした要因が何かを明らかにするための研究である。今回の解析は単にパターンの記述にとどまっており、プロセスの理解にまで到達していない。近年、ロンドン大学のシェナンらによって、考古学データを使用した社会学習戦略の推定がなされている（Crema *et al.* 2016: ch. 1）。文化進化研究の特徴である集団レベルと個体レベルをつなぐ概念整理と数理モデルを活かすには、今後このような方向性の研究が不可欠となるだろう。

第三に、形状以外の情報を使っていないことが挙げられる。土器にさまざまな属性があるなかで、解析対象を最初から形状に限定することは、恣意的な属性抽出にほかならない。当然ながら、文様や胎土といった他の要素も、土器を特徴づける重要な要素である。この課題を克服するにあたり、少なくとも現段階では、今回の解析手法に別の要素を組み込もうとするよりも、他の要素に対しては別の方法で地理的分布なり伝播過程などを求め、対応関係を検討するほうがよいように思われる。第一の理由は、これまで数理的な手法を使わずに行われてきた研究の蓄積との整合性も確認しやすいことである。第二の理由は、そのほうが間違いを犯す可能性を低めると考えられるからである。現在行われている数理的な地理分布・伝播過程の研究は、さまざまな文化要素、またはある対象のさまざまな属性を一括して扱っていることが多い。しかし、当然ながら個別の文化要素、または属性が異なる経路で伝達されることは十分にありうる。異なる経路で伝達された文化要素を一括して扱い、かつコード化の際に特定の文化要素の重みを（たとえば優先的に細分化するなどして）過大評価した場合、それ以外の文化要素がもつ情報は、過小に評価されることになるかもしれない。どちらの方法が正当化されるかは、おそらく

（現在は暗黙のうちに仮定されている）文化伝達のモデルとコード化の方法に依存すると考えられる。シミュレーションなどをもちいてこうした仮定を検討していくことは、今後重要になるだろう。

このような方針で研究を蓄積していくと、さまざまな文化要素や遺物の特徴の「文化系統」が構築される。個々の要素の文化系統は、おそらく一致しない。異なる文化系統を統合する方法論を確立していくことが次の仕事になるだろう。データベースの構築と運用、そして文化系統の統合についても数理的な手法が貢献する場面は多々あるであろう。それを達成できれば、数理的手法が真に考古学に貢献できたといえるかもしれない。

謝辞

本研究の遂行にあたり、先導的人文・社会科学推進事業の他、科学研究費「考古学と情報学の融合による文化進化学の構築」（研究活動スタート支援 No. 16H06615）、科学技術人材育成のコンソーシアムの支援を受けた。また編者の中尾央氏および匿名の査読者には本章を改善するための有益なコメントをいただいた。記して感謝申し上げる。

参考文献

Binford, L. R., & Binford, S. R. (1966). A preliminary analysis of functional variability in the Mousterian of Levallois facies. *American Anthropologist* 68, 238–295. (doi: 10.1525/aa.1966.68.2.02a001030)

Bonhomme, V., Picq, S., Gaucherel, C., & Claude, J. (2014). Momocs: Outline Analysis Using R. *Journal of Statistical Software* 56, 1–24. (doi: 10.18637/jss.v056.i13)

Brown, S., Savage, P. E., Ko, A. M-S., Stoneking, M., Ko, Y-C., Loo, J-H., & Trejaut, J. A. (2014). Correlations in the population structure of music, genes and language. *Proceedings of the Royal Society B: Biological Sciences* 281, 20132072. (doi: 10.1098/rspb.2013.2072)

Claude, J. (2008). *Morphometrics with R*. New York: Springer.

Crema, E. R., Kandler, A., & Shennan, S. (2016). Revealing patterns of cultural transmission from frequency data: equilibrium and non-equilibrium assumptions. *Scientific Reports* 6, 39122. (doi: 10.1038/srep39122)

Currie, T. E., Greenhill, S. J., Gray, R., Hasegawa, T., & Mace, R. (2010). Rise and fall of political complexity in island South-East Asia and the Pacific. *Nature* 467, 801–804. (doi: 10.1038/nature09461)

Gray, R. D., & Atkinson, Q. D. (2003). Language-tree divergence times support the Anatolian theory of Indo-European origin. *Nature* 426, 435–439. (doi: 10.1038/nature02029)

Jaccard, P. (1912). The distribution of the flora in the alpine zone. *New Phytologist* 11, 37–50.

Lake, M. W. (2014). Trends in archaeological simulation. *Journal of Archaeological Method and Theory* 21, 258–287. (doi: 10.1007/s10816-013-9188-1)

Lycett, S. J. & Chauhan, P. R. (Eds.) (2010). *New perspectives on old stones: analytical approaches to palaeolithic technologies*. New York: Springer.

Murdock, G. P.（1967）. *Ethnographic atlas*. Pittsburgh: University of Pittsburgh Press.

O' Brien, M. J., & Lyman, R. L.（2000）. Evolutionary archaeology: Reconstructing and explaining historical lineages. In M. B. Schiffer（Ed.）, *Social theory in archaeology*（pp. 126–142）. Salt Lake City: University of Utah Press.

R Core Team.（2016）. R: A Language and Environment for Statistical Computing.

Rogers, D. S., & Ehrlich, P. R.（2008）. Natural selection and cultural rates of change. *Proceedings of National Acaddemy of Sciences of the USA* 105, 3416–3420.（doi: 10.1073/pnas.0711802105）

Ross, R. M., Greenhill, S. J., & Atkinson, Q. D.（2013）. Population structure and cultural geography of a folktale in Europe. *Proceedings of the Royal Society B: Biological Sciences* 280, 20123065.（doi: 10.1098/rspb.2012.3065）

Rzeszutek, T., Savage, P. E., & Brown, S.（2012）. The structure of cross-cultural musical diversity. *Proceedings of the Royal Society B: Biological Sciences* 279, 1606–1612.（doi: 2011 10.1098/rspb.2011.1750）

Sabloff, J. A.（Ed.）（1981）. *Simulations in archaeology*. Nex Mexico: SAR Press.

Shennan, S.（2011）. Descent with modification and the archaeological record. *Philosophical Transactions of the Royal Society of London B: Biological Sciences* 366, 1070–1079.（doi: 10.1098/rstb.2010.0380）

Shennan, S.（2012）. Darwinian cultural evolution. In I. Hodder（Ed.）, *Archaeological theory today*（pp. 15–36）. Cambridge: Polity.

Shennan, S. J., Crema, E. R., & Kerig, T.（2015）. Isolation-by-distance, homophily, and "core" vs. "package" cultural evolution models in Neolithic Europe. *Evolution and Human Behavior* 36, 103–109.（doi: 10.1016/j.evolhumbehav.2014.09.006）

生形貴男 2005「現代形態測定学：化石、人骨、石器等のかたちの定量・比較ツール」『第四紀研究』44、

２９７－３１３頁。
金田明大 2013「うつわの形をわける――ＥＦＤを利用した土器形態の分類の試行」奈良文化財研究所編『奈良文化財研究所創立60周年記念論文集　文化財論叢Ⅳ』１３５５－１３６６頁。
小林青樹 2013「縄文と弥生――日本列島を縦断する移動と交流」印東道子編『人類の移動史』１５５－１６９頁、臨川書店。
柴田将幹 2014「初期遠賀川式土器の成立地域と伝播」『季刊考古学』１２７、19－23頁。
杉原荘介 1955「彌生式文化遺跡」『日本考古学年報』４、16－17頁。
津村宏臣 2007「『ダイメンション』でながめるカタチ学の未来」『日本の美術』４９６、66－69頁。
土器持寄会論文集刊行会 2000『突帯文と遠賀川』土器持寄会論文集刊行会。
橋口達也 1985「日本における稲作の開始と発展」福岡県教育委員会編『石崎曲り田遺跡Ⅲ　今宿バイパス関係埋蔵文化財調査報告11』５－１０３頁、福岡県教育委員会。
春成秀爾 2003「弥生時代の開始年代」『歴博』１２０、６－10頁。
春成秀爾 1990『弥生時代の始まり』東京大学出版会。
春成秀爾・藤尾慎一郎・今村峯雄・坂本稔 2003「弥生時代の開始年代――14Ｃ年代の測定結果について」『日本考古学協会第69回総会研究発表要旨』65－68頁。
藤尾慎一郎 1999「福岡平野における弥生文化の成立過程――狩猟採集民と農耕民の集団関係」『国立歴史民俗博物館研究報告』77、51－84頁。
藤尾慎一郎 2009「板付Ⅰ式を創ろうとした村、創れた村、創れなかった村」設楽博巳・藤尾慎一郎・松木武彦編『弥生時代の考古学２　弥生文化誕生』１０５－１１３頁、同成社。
藤尾慎一郎・今村峯雄・西本豊弘 2005「弥生時代の開始年代――ＡＭＳ－炭素14年代測定による高精度年代体系の構築」『総研大文化科学研究』73－96頁。

中尾央 2015『人間進化の科学哲学 行動・心・文化』名古屋大学出版会。
日本旧石器学会編 2010『日本列島の旧石器時代遺跡』日本旧石器学会。
松本直子 2000『認知考古学の理論と実践的研究――縄文から弥生への社会・文化変化のプロセス』九州大学出版会。
松本直子 2013「縄文から弥生へ――農耕民の移動と新しい文化の誕生」印東道子編『人類の移動誌』142‐154頁、臨川書店。
豆谷和之 2009「西日本における遠賀川系土器の成立と西からの影響」『弥生時代の考古学2：弥生文化誕生』123‐139頁、同成社。
矢野環 2006「文化系統学――歴史を復元する」村上征勝『文化情報学入門』勉誠出版。
家根祥多 1984「縄文土器から弥生土器へ」帝塚山考古学研究所『縄文から弥生へ』帝塚山考古学研究所。
山口雄治・津村宏臣・松本直子 2012「土器形状のデータ化による土器製作技術系統の解析とその評価――縄文時代後期、津島岡大遺跡を例として」『日本考古学協会第78回総会研究発表要旨』182‐183頁。

第3章

幾何学的形態測定学による前方後円墳の墳丘形態の定量的解析

田村光平・松木武彦

3・1　前方後円墳の文化進化

前方後円墳への数理的アプローチ

前方後円墳は、三世紀から六世紀にかけてつくられた古墳の一形態であり、とくに有力層の墳墓の型式として採用されることが多い。平面形は、円形の主部に方形ないし台形の突出部分が付設されており、「鍵穴形」とも評される（図3-1）。墳丘は、斜面と平坦部（テラス）とを二段ないし三段に重ねた「段築」とよばれる構造をもつことが通例である（同上）。

前方後円墳の出現は、日本列島史上きわめて重要な事象と捉えられてきた。一部の有力者が大型の墳墓に葬られるという社会的階層化の進展、それらが前方後円墳という同じ形の墳丘を共有することに示された政治的連合化の達成、そのなかでもひときわ巨大なものが集中する近畿を核とした中央-周辺関係の顕在化という三点で、それは日本列島の国家形成において大きな意義をもっている（近藤 1983; 都出 1991）。

このような認識を前提に、前方後円墳の墳丘形態は、古墳時代社会の有力者間の政治的関係を復元するための有効な材料とみなされて多数の研究が行われてきた。とくに、細部まで形態が類似した複数の前方後円墳の背後には、しばしば「築造企画（規格）」や「設計原理」の共有が想定され、そのような前方後円墳のグループやペア（相似墳）を見つけ出す試みは、古墳時代の政治的関係を復元するための手段として、これまでに多くの研究者が取り組んできた。こうした作業に数理的手法が有効であることは直感的に理解できるので、前方後円墳の墳丘形態の比較は、日本考古学の中では例外的に数理的手法が発展した分野である。

その嚆矢にして最も代表的なのは、上田（1963）の研究である。この研究では、図３－２のように古墳の測量図に計測点を置き、それらの点を結ぶ線分の比が墳丘形態を代表すると考える。そして、その線分比が類似した古墳群を同一の型式として、古墳間の関係性を記述した。上田の研究は、尺度（築造の際に基準となる長さ）や設計原理（作り方）の研究（甘粕 1965; 椚 1976; 石部ほか 1979; 西村 1987など）へと受け継がれていった。これらの研究は、墳丘の測量図に線分・円・グリッドな

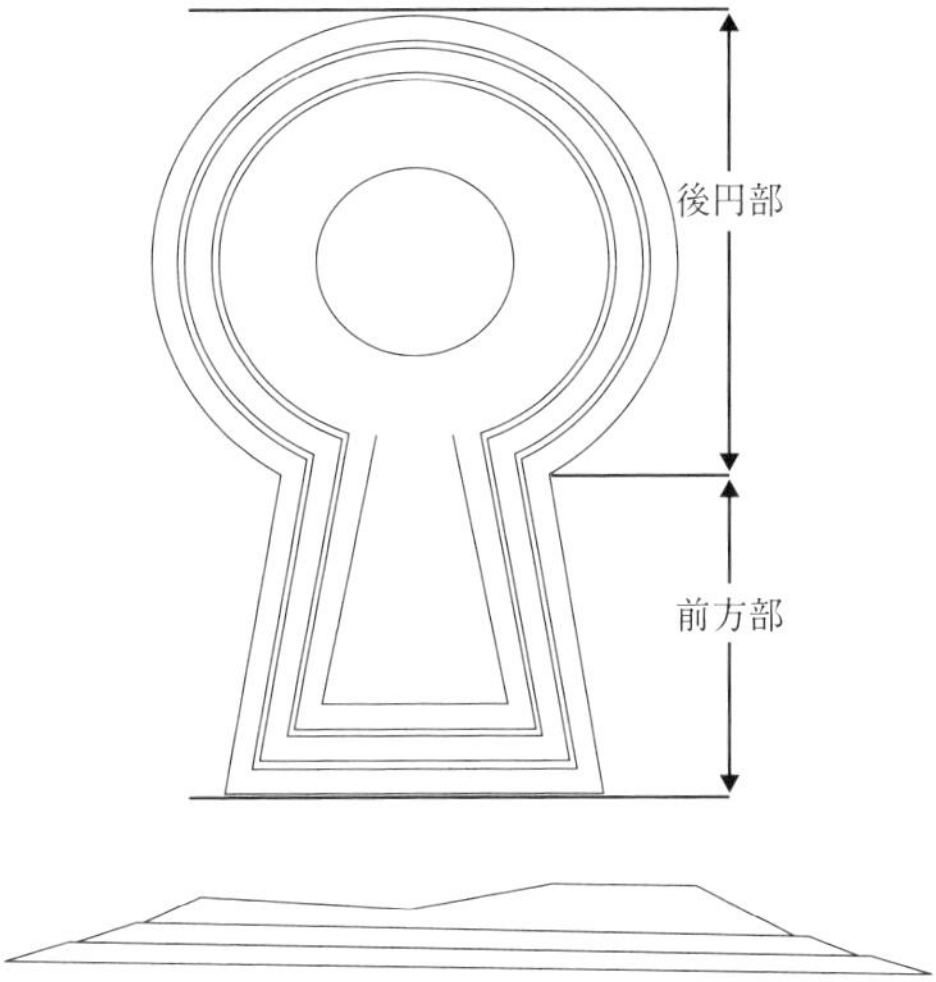

図 3-1　古墳墳丘形態の模式図。上：鳥瞰図、下：側面から見た図。

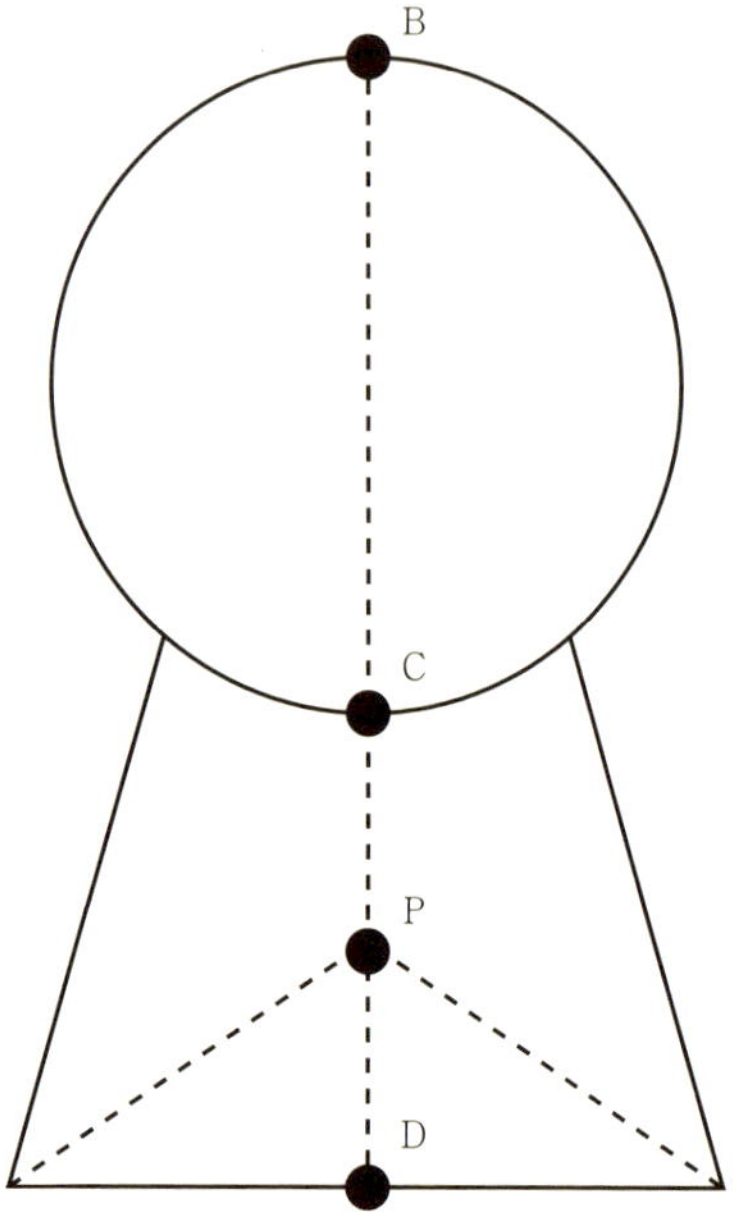

図 3-2　上田（1963）の方法の模式図。点Pは推定上の点として設定されている。BC: CP: PD の比をもちいて型式を設定している。

どの補助図形を自在に重ね、それらと墳丘の等高線との関係を感覚的にパターン化することによって設計の企画や原理を読み取ろうとするもので、準数理的手法とでもいうべきものである。

また、これらとは別に、二つの墳丘の測量図を、直接比較観察することにより類似しているかどうかの判定をする方法も、一九八〇年代からさかんになった（和田 1981; 北條 1986; 澤田 1990; 岸本 1992 など）。二つの墳丘の測量図や断面形をそのまま重ねたり、中軸で半裁して左右に並べたりして「似ている／似ていない」を半ば感覚的に観察するもので、その意味では古典的な遺物の型式学と同じであり、数理的手法には遠い。

これらに対し、純粋に数理的な手法をもちいてより定量的なアプローチに近づいたのは小沢（1978）の「全数比較」である。小沢はまず、古墳の測量図をグリッドによって分割する（図

3-3）。分割するグリッドの個数はどの古墳についても一定であるため、それぞれのマス目は古墳間で対応していることになる。マス目が対応しているため、二つの古墳間で対応するマス目の高さが（全体的に）似ていれば、その古墳のペアは似ているといえそうである。そこで、相関係数という指標を使い、対応しているマス目の高さが類似しているかどうかを調べた。つまり、二つの古墳の対応するマス目の高さが、ある古墳で低い（高い）ときにまた別の古墳でも低い（高い）、という関係が成り立っていれば、類似度は高くなる。この操作を多数の古墳のペアについて行うことで、古墳の類似度ネットワークを作成した。

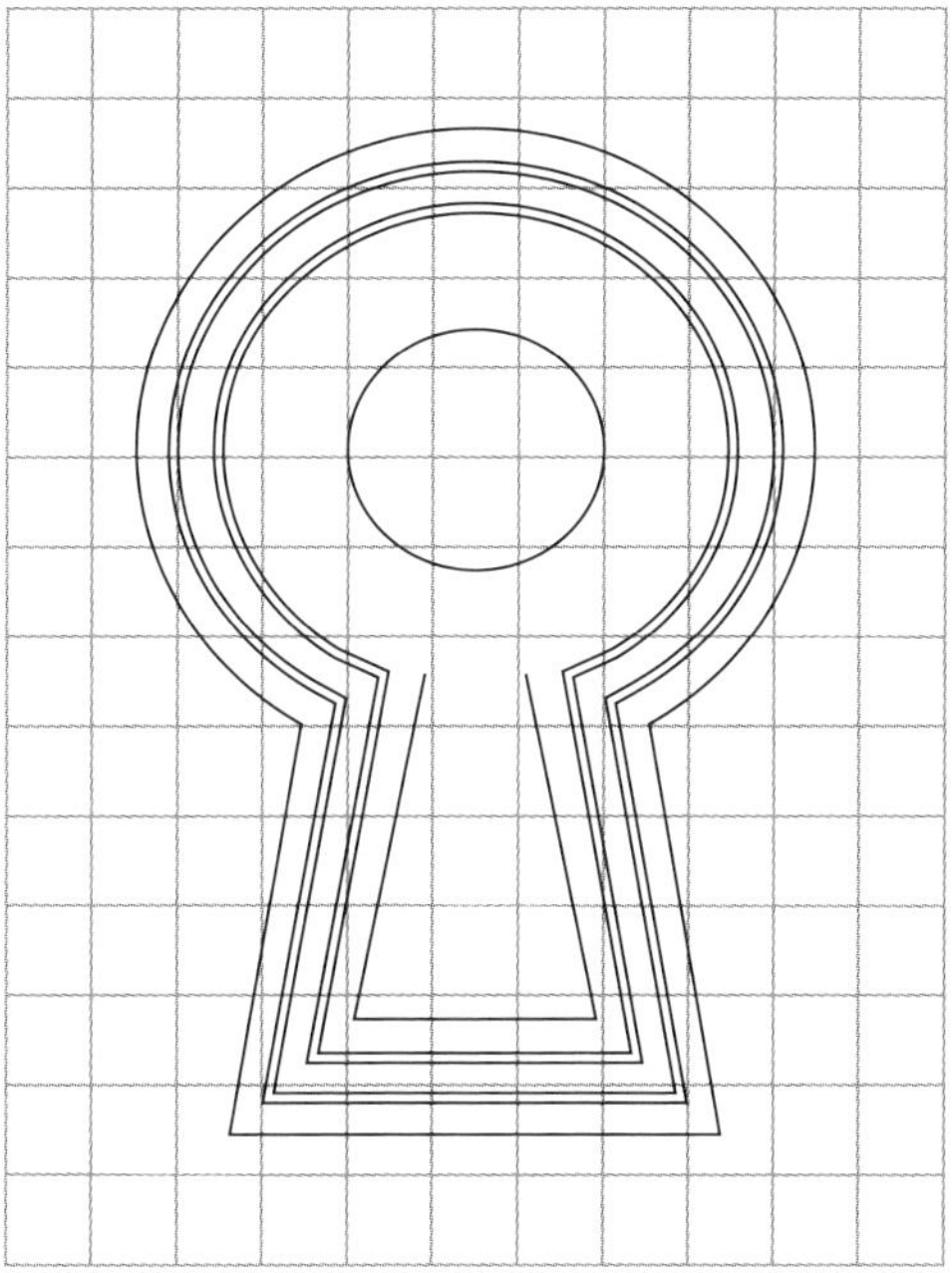

図 3-3　小沢（1978）のグリッドの模式図。

先行研究の問題点と本研究の長所

こうした先行研究の問題点として、まず、上田（1963）やその系列上の諸研究では、解析の対象となる比較的少数の計測点を研究者が選定し、他の多くの形態情報を捨ててしまっていることが挙げられる。たとえば上田の作業は、前方部と後円部の比を最大限に重視することによって、いわば古墳を連結された二つの「棒」のようなものとして捉え、両者の長さの比に墳丘全体の形状を高度に集約させるあまり、他の要素が捨象されてしまっていることになる。かたや、直接比較観察に基づく諸作業は、ペアワイズの比較を基本としているが、比較基準が明示されることは少なく、客観性の保障に不安を残す。また、先行研究の多くは平面形の解析しか行っていないが、近年では、古墳形態を三次元的に把握することの重要性がますます強く認識されるようになってきた（新納 1992, 2011）。

そこで本研究では、上記の手法の問題点の克服をめざし、幾何学的形態測定学（geometric morphometrics）の墳丘形態への応用を試みる。幾何学的形態測定学は、これまで主に生物の形態解析にもちいられてきたが、「かたち」一般を対象とする解析手法であるため、石器をはじめとする人工物の解析にももちいられている（生形 2005）。本書の第2章でも、その一手法である楕円フーリエ解析をもちいた土器の解析について取り上げている。

本章ではとくに、「ランドマーク（標識点）法（landmark-based method）」と呼ばれる手法の古墳形態への適用について議論する。詳細は補遺で述べるが、形態上に標識点（ランドマーク）を配置し、その座標間の関係を解析することで、形態間の差異を定量化する。その基本的なアイディアは上田（1963）やそこから派生した先行研究の方法と同じだといえるが、多数の相同計測点をもちいているため、これらの方法と比較して、形態がもともともっている情報を捨てることなく解析することが可能である。また、（小沢（1978, 1988）でも議論されているが）墳丘全体を使用するため後世の改変を受けた部分も比較に使用する小沢（1978）の方法に比べ、そうした改変の影響が少ないと考えられる。

幾何学的形態測定学では、大きさ（サイズ）と形状（シェイプ）の情報を分離して扱うことが可能である。ここでは、大きさ（サイズ）は「平行移動と回転に対して不変な特徴量」、形状（シェイプ）は「平行移動、回転、拡大縮小に対して不変な特徴量」として定義される（補遺）。大きさと形状を分離する方法が確立されているため、前方後円墳の墳丘形態研究がめざす相似形の設定に適した研究手法だといえる。

本章では、まず、このランドマーク法を前方後円墳の墳丘形態に適用した結果を述べる。個々の古墳の形状変異を量的に把握するとともに、上田（1963）によって提唱された型式分類との対応関係を確認する。続いて、こうして把握した形状の時間的変化についても解析した。

3・2　方法と分析

データセット

本研究で使用した前方後円墳は、表3‐1にある全四六基である。日本列島には前方後円墳が約四八〇〇基あるが、本研究でもちいる標識点のすべてを設定できるもの、すなわち後円部・前方部とも三段に築成された例は、とくに大型のもの百数十基に限られる。さらに、後世の開発や改変による損壊が大きいもの、測量図の精度が低すぎて標識点の設定が困難なものを除いた結果、この四六基に絞られることになった。この選択は偶然によるものであり、年代や地域による意図的な偏りはない。

ランドマーク法による解析

ランドマーク法は、幾何学的形態測定学の一手法である（生形 2005; Zelditch, Swiderski & Sheets 2012）。解析対象に標識点（ランドマーク）を設定し、対応する標識点を、解析対象間で比較する。前方部と後円部の比、くびれ部の（相対的な）幅などが、これまで日本考古学において、前方後円墳の墳丘形態を特徴づける計測値として提案されてきた。本研究では、まずはこうした先行研究の情報をもちいず、墳丘形態の特徴を網羅的に捉えられるよう、標識点の設定を行うこととする。

標識点は、異なる古墳間で対応する点でなければならない。本研究では、図3－4のように

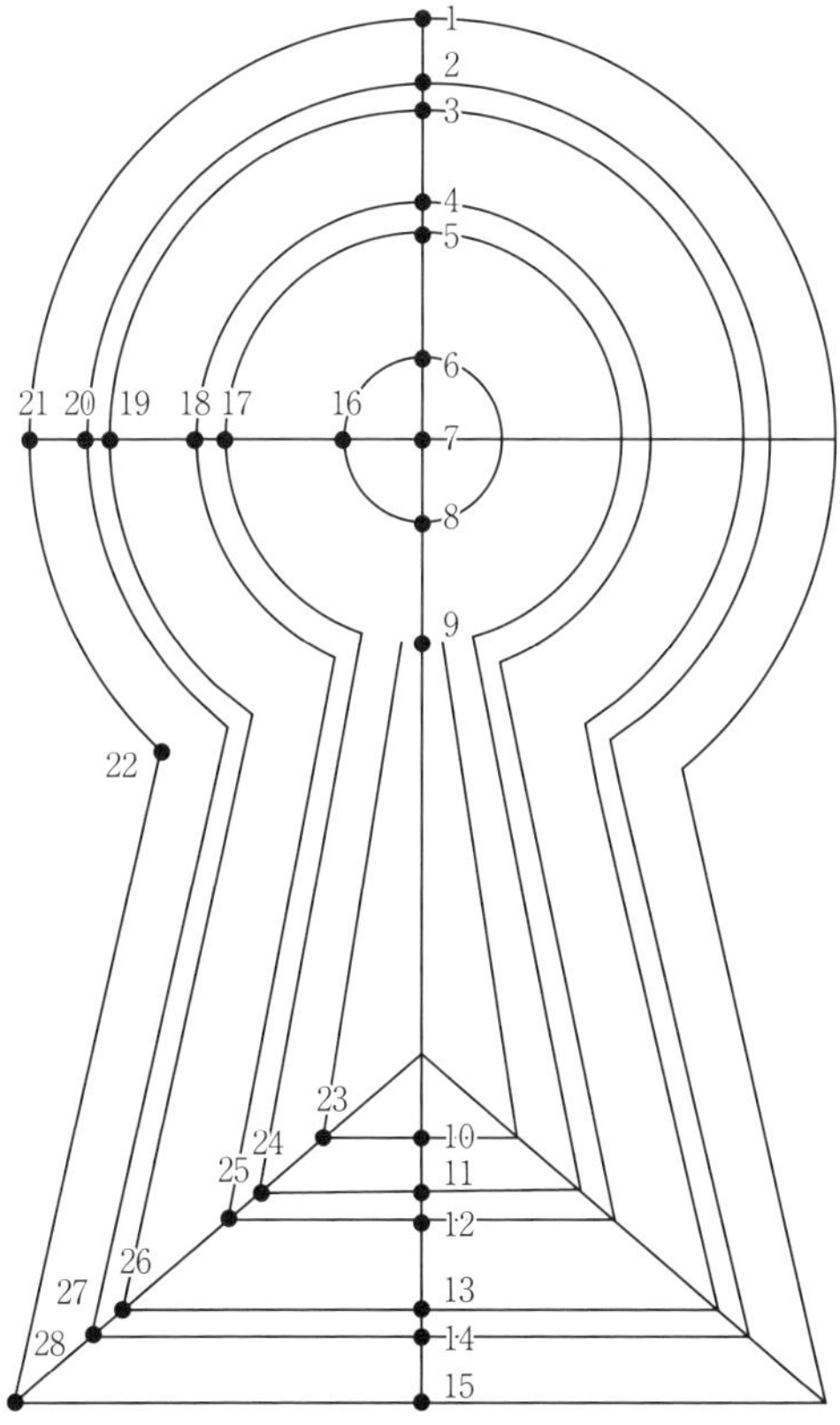

図3-4　古墳の模式図と標識点。

表 3-1　解析に使用した古墳リスト

番号	名称	地域	上田の型式	時期
1	行燈山古墳	奈良	A	2
2	いたすけ古墳	大阪		5
3	市野山古墳	大阪	BI	7
4	宇度墓古墳	大阪	D	7
5	ウワナベ古墳	奈良	B'	6
6	蛭子山古墳	京都		4
7	太田茶臼山古墳	大阪	BI	6
8	太田天神山古墳	群馬	BI	6
9	金蔵山古墳	岡山		5
10	軽里前野山古墳	大阪	D	8
11	川合大塚山古墳	大阪	D	7
12	行者塚古墳	兵庫		6
13	五社神古墳	奈良	A	4
14	五色塚古墳	兵庫	A	4
15	小造山古墳	岡山		6
16	コナベ古墳	奈良	BI	6
17	誉田御廟山古墳	大阪	BI	6
18	西都原 46 号墳	宮崎	A	5
19	西陵古墳	大阪		5
20	佐紀陵山古墳	奈良	A	4
21	渋谷向山古墳	奈良	A	3
22	正法寺古墳	愛知		5
23	鋤崎古墳	福岡		4

表3-1（つづき）

番号	名称	地域	上田の型式	時期
24	巣山古墳	奈良	A	4
25	大山古墳	大阪	B’	6
26	宝塚1号古墳	三重		5
27	田出井山古墳	大阪	E	8
28	玉丘古墳	兵庫	A	5
29	築山古墳	奈良	C	5
30	造山古墳	岡山		6
31	作山古墳	岡山		7
32	富田茶臼山古墳	香川		5
33	仲津山古墳	大阪		5
34	新木山古墳	奈良		6
35	ニサンザイ古墳	大阪	D	7
36	西殿塚古墳	奈良		1
37	箸墓古墳	奈良	A	1
38	昼飯大塚古墳	岐阜		4
39	船塚古墳	佐賀		6
40	宝来山古墳	奈良	A	5
41	ミサンザイ古墳	大阪	C	6
42	御墓山古墳	三重		5
43	女狭穂塚古墳	宮崎		5
44	百舌鳥御廟山古墳	大阪	BI	6
45	横瀬古墳	鹿児島		7
46	両宮山古墳	岡山		7

古墳の測量図に標識点を配置し、その三次元座標を記録した。標識点は、後円部径、くびれ部幅、前方部の幅と長さなど、平面的なプロポーションに直接関連する諸点（1・15・21・22・28番）、立面形の全体像を左右する諸点（6・8・9・10番）、立面形の細部の特徴（段築比など）を表す諸点（その他）など、墳丘形態の変化を最も鋭敏に反映するとみられる二八個を設定した。また、墳丘の全周が万全に保存されている例が少ないために、前方後円墳は原則として左右対称をめざして築造されていると仮定し、標識点のうち16〜28番は、遺存状態がよいほうの側に設定した。標識点の配置には、tpsDig2（Rohlf 2017）を使用した。

この段階のデータは、解析の対象としたい形状の情報のみならず、位置、サイズ、向きの情報も含んでいるため、プロクラステス再配置（Procrustes superimposition）によって、形状の情報のみを抽出した。プロクラステス再配置の詳細は補遺で述べるが、古墳のサイズを標準化した後、特定の点または線ではなく、標識点の重心をできるだけ近づけることで、妥当な比較ができるように標識点を整列させる方法である。その後、主成分分析によって、分散の大きな形状の特徴を抽出した。プロクラステス再配置および主成分分析には、Rの shapes パッケージ（Dryden 2017）を使用した。

主成分分析による解析結果——前方後円墳の歴史的変化

図３‐５～３‐８に主成分と形状変化の関係を示す。黒丸は各標識点である。主成分の値が大きくなるほど、線の方向に形態が変化する。第一主成分の値が大きくなるにつれて、前方部が縮小し、後円部が拡大する（図３‐５）。また、前方部の三段目が高さを減らす（図３‐６）。第二主成分の値が大きくなると、前方部と後円部が近づく傾向も見て取れる（図３‐７）。加えて、後円部の一・二段目と三段目が離れる傾向、すなわち後円部の三段目のみが高さを増す（図３‐８）。

主成分分析によって得られた、各古墳間の関係を図３‐９の散布図に示す。図３‐10は、図３‐９を上田（1963）の型式に沿って異なるシンボルで表した散布図である。各シンボルが、各型式に対応している。上田の各型式に属する複数の古墳は、ゆるくまとまりを形成していることが見て取れる。とくに、A、BIおよびB′とが、第一主成分に沿って、それぞれ明確に分かれたまとまりを形成している。Aに属する古墳は、古墳時代の新古の時期区分では墳形以外の年代決定要素から前期（図３‐11・12の１～４期）に、BIおよびB′は中期（５～８期）に置かれているので、前期と中期の間では主要な古墳の墳丘形態に明確な変化が生じていることがうかがえる。また、Aの分布範囲とBIおよびB′のそれとの大きさ（所属古墳相互の墳丘の形態上の距離）を比べると、前者は広く分散し、後者は狭く緊密である。このことは、主要古墳の墳丘形

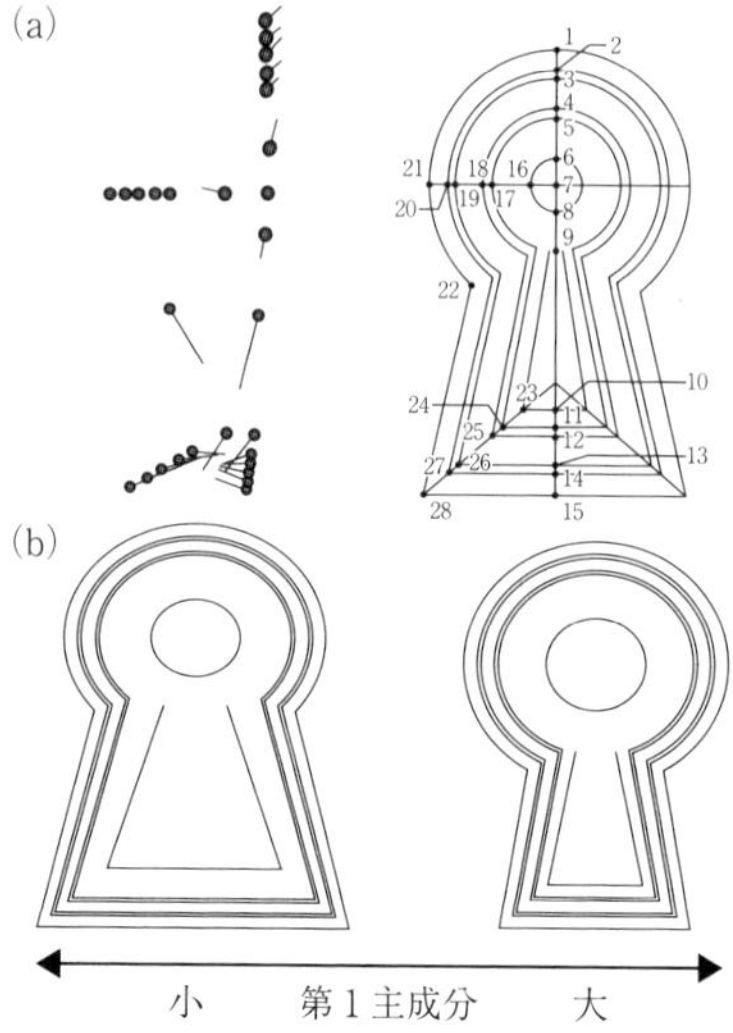

図 3-5　第 1 主成分と古墳の墳丘形状の関係。上空からみた図。(a) 黒丸は標識点を表す。黒丸から伸びた線は形態変化の方向と量を表す。主成分の値が大きくなったとき、線にそって形態（標識点）が変化し、線が長いほど形態変化が大きい。(b) 主成分の変化と墳丘形状の変化を模式図として表したもの。

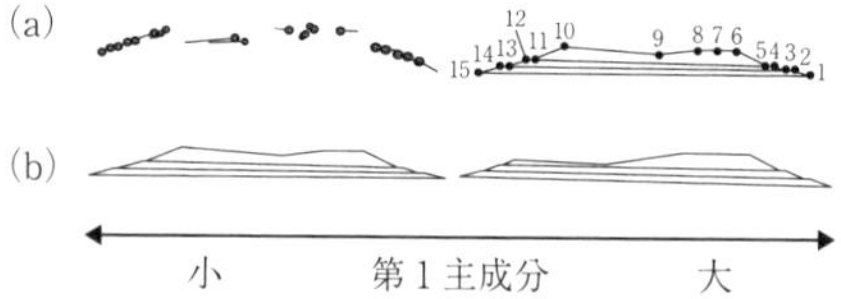

図 3-6　第 1 主成分と古墳の墳丘形状の関係。側面からみた図。(a) 黒丸は標識点を表す。黒丸から伸びた線は形態変化の方向と量を表す。主成分の値が大きくなったとき、線にそって形態（標識点）が変化し、線が長いほど形態変化が大きい。(b) 主成分の変化と墳丘形状の変化を模式図として表したもの。

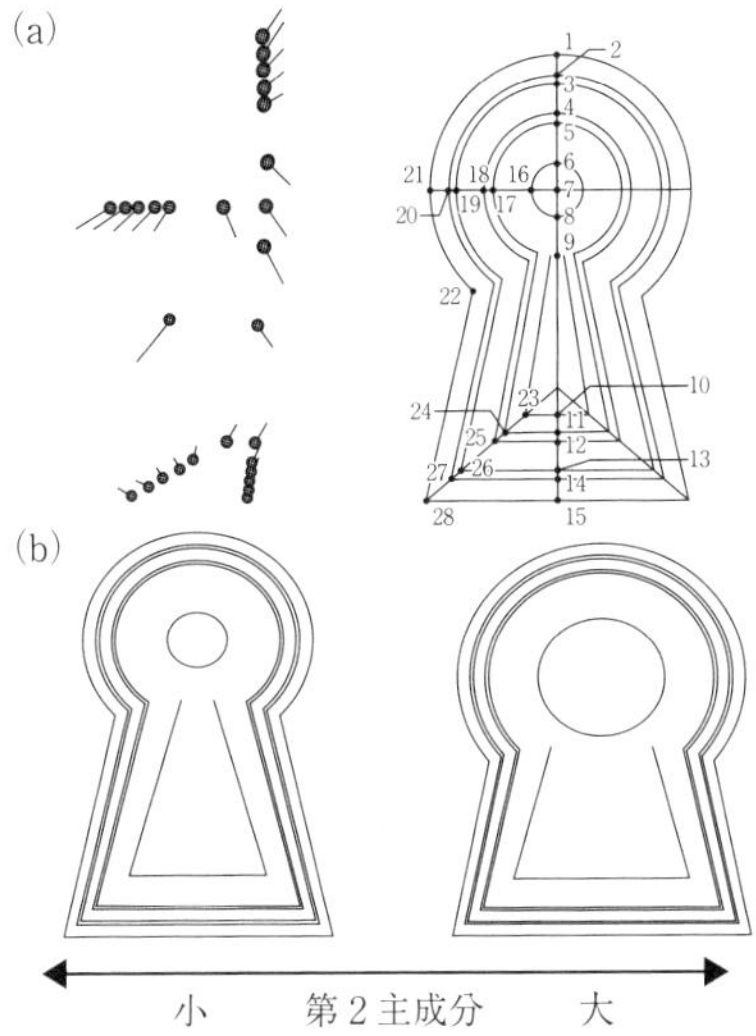

図 3-7　第２主成分と古墳の墳丘形状の関係。上空からみた図。(a) 黒丸は標識点を表す。黒丸から伸びた線は形態変化の方向と量を表す。主成分の値が大きくなったとき、線にそって形態（標識点）が変化し、線が長いほど形態変化が大きい。(b) 主成分の変化と墳丘形状の変化を模式図として表したもの。

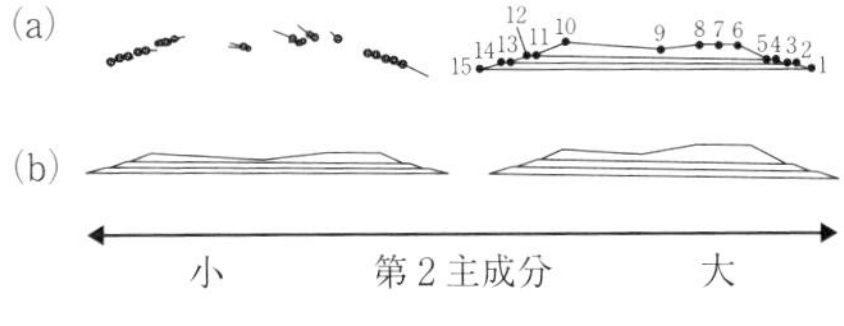

図 3-8　第２主成分と古墳の墳丘形状の関係。側面からみた図。(a) 黒丸は標識点を表す。黒丸から伸びた線は形態変化の方向と量を表す。主成分の値が大きくなったとき、線にそって形態（標識点）が変化し、線が長いほど形態変化が大きい。(b) 主成分の変化と墳丘形状の変化を模式図として表したもの。

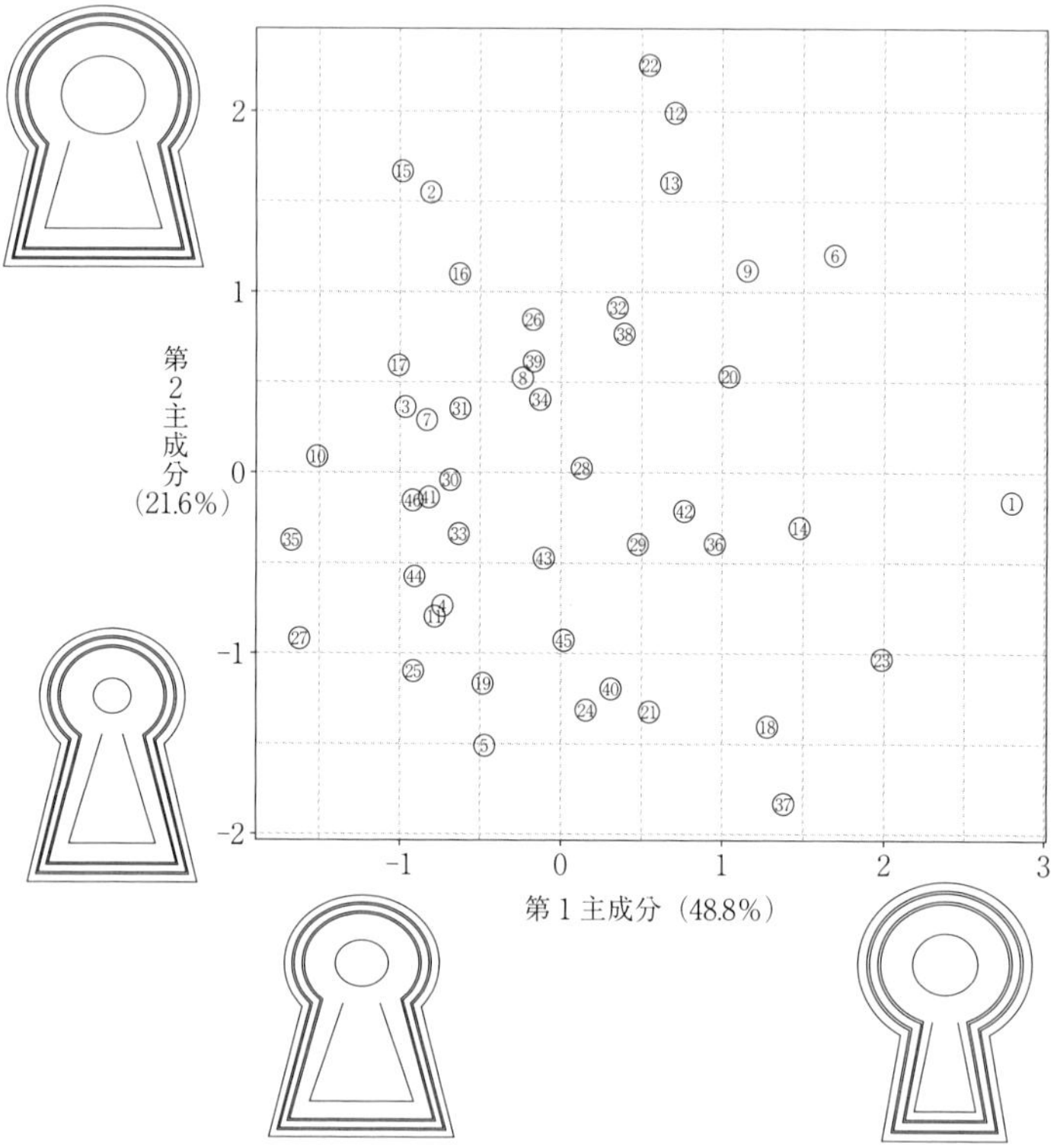

図 3-9　主成分分析の結果。各点が古墳 1 個体に対応している。横軸は第 1 主成分、縦軸は第 2 主成分を表す。

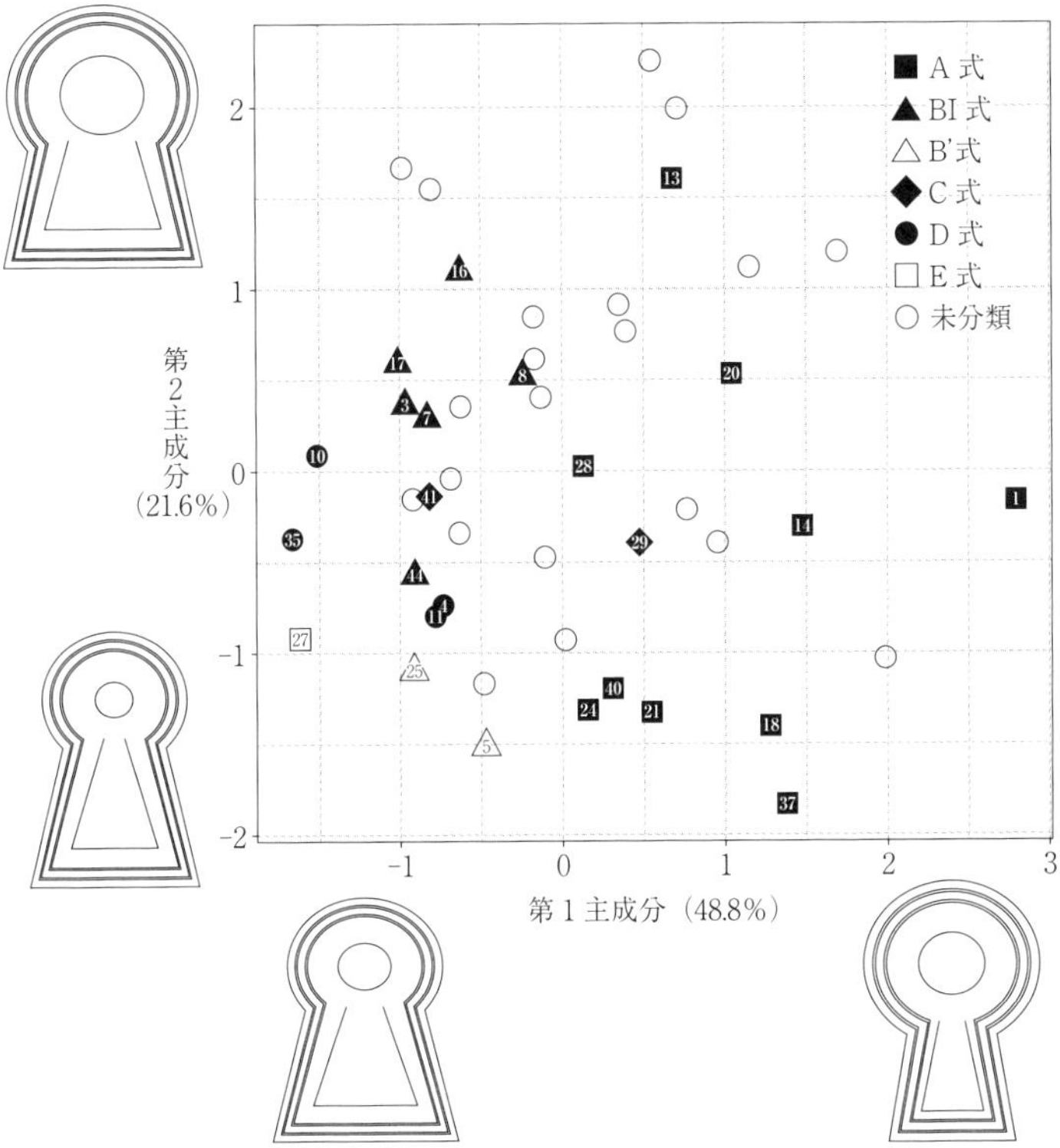

図 3-10　ランドマーク解析の結果と上田 (1963) の型式分類との対応。横軸は第 1 主成分、縦軸は第 2 主成分を表している。各点が古墳 1 個体に対応する。各古墳は、上田 (1963) の型式分類に対応して塗り分けている。

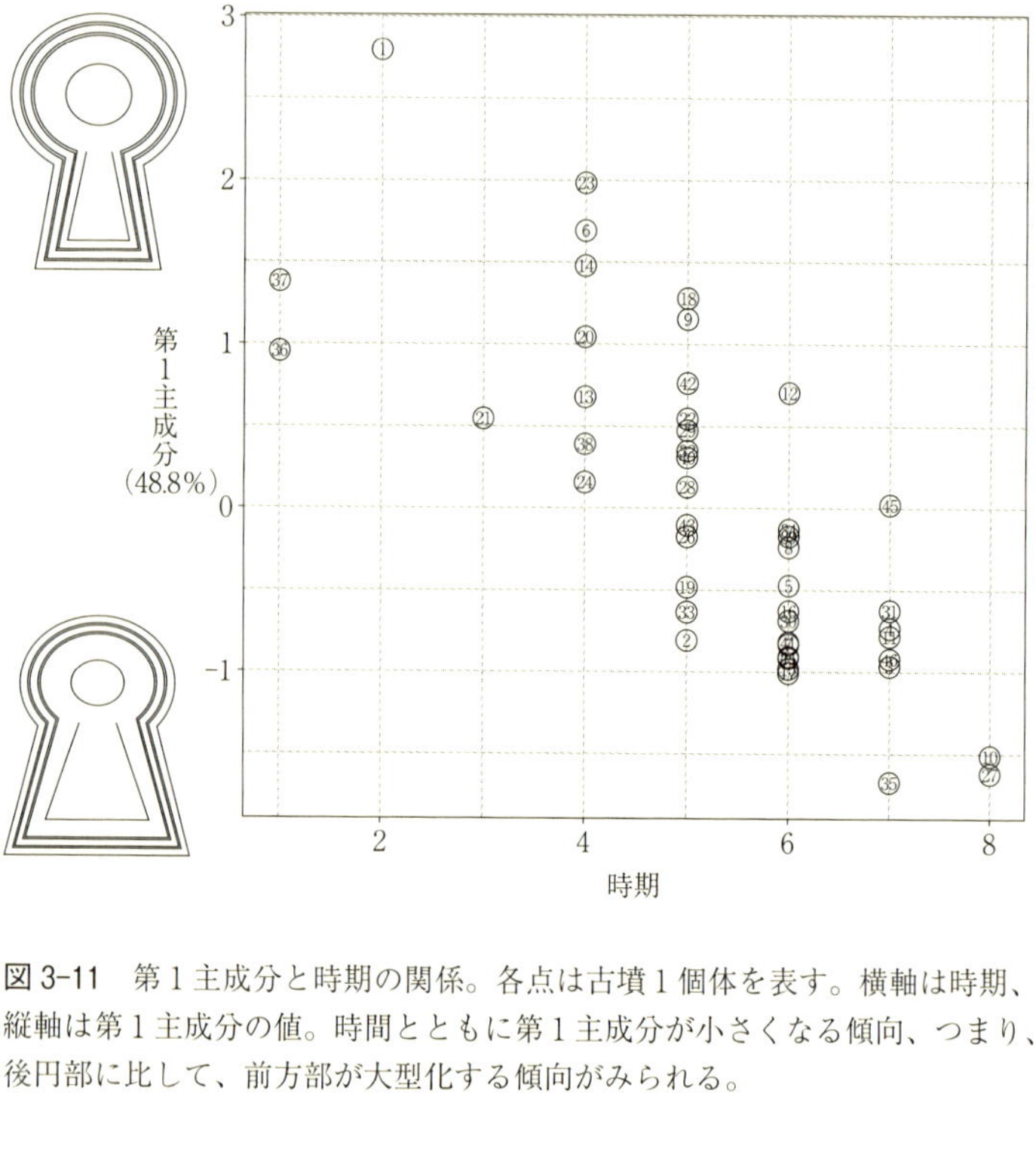

図 3-11　第 1 主成分と時期の関係。各点は古墳 1 個体を表す。横軸は時期、縦軸は第 1 主成分の値。時間とともに第 1 主成分が小さくなる傾向、つまり、後円部に比して、前方部が大型化する傾向がみられる。

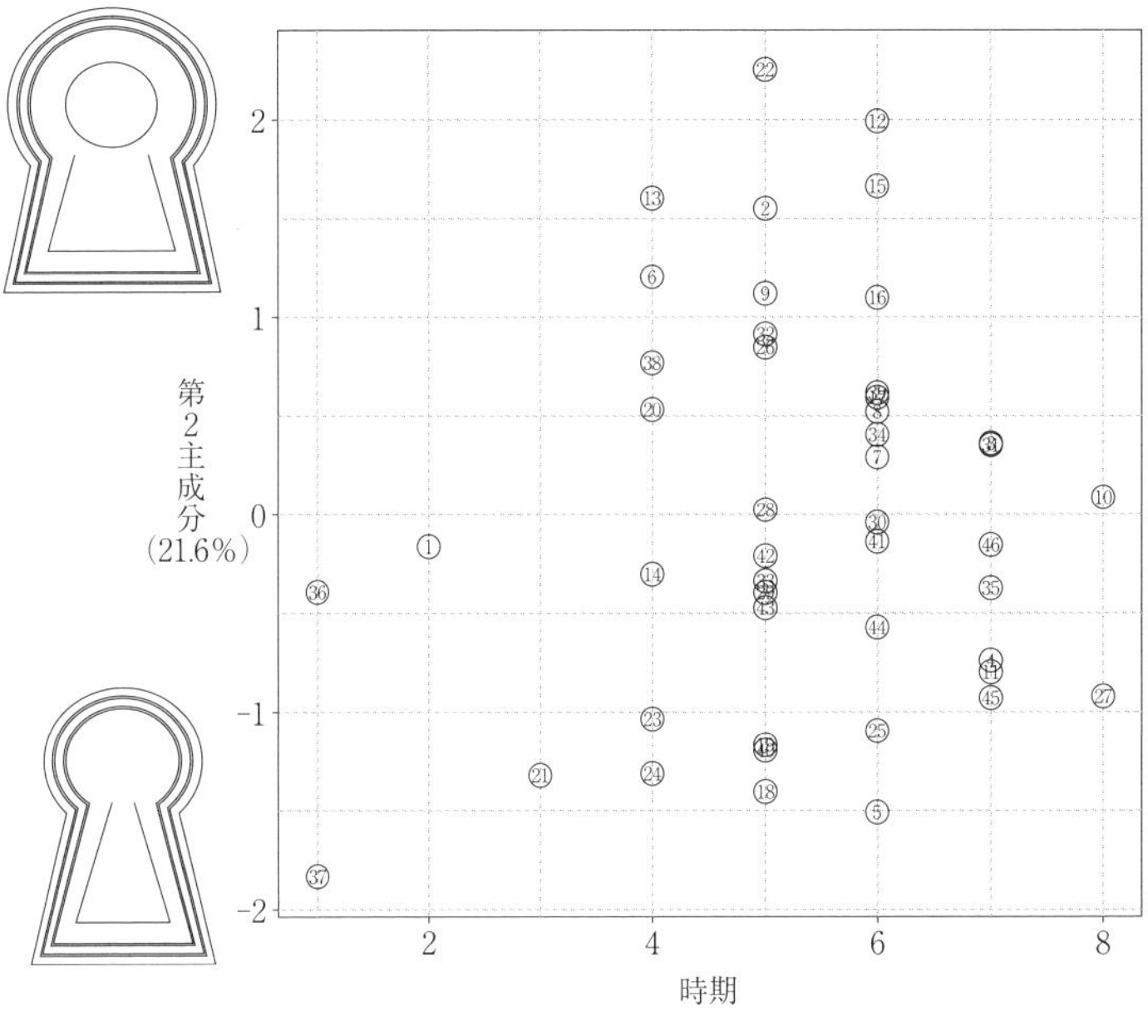

図3-12　第２主成分と時期の関係。各点は古墳１個体を表す。横軸は時期、縦軸は第１主成分の値。定向的な傾向は認められないが、時期４〜６の付近で、第２主成分の値が大きな古墳が存在する。

態の相互類似度、言い換えれば関係の緊密さが、中期には前期よりも増した可能性を示している。このことは、先述した古墳間の政治的関係などをさらに高レベルで吟味していくために重要であろう。

図3-11および図3-12は、それぞれ第一・第二主成分と時間（年代）との関係を示している。年代は、いわゆる「前方後円墳集成編年」（広瀬1992）の1~8期を各図の横軸とし、左から右へと年代が下っていることになる。時間とともに第一主成分が小さくなる傾向、つまり、後円部に比して前方部が大型化するという古くからの認識が数量的に追認されるとともに、そのくわしい方向性と程度とが数量的に把握できた。

第二主成分については、時間とともに一定の変化の傾向はみられなかった。しかしながら、4~6期のみ、第二主成分の値が大きな古墳が出現する。つまり、この時期に、後円部第三段が拡大するという傾向が顕著であると考えられる。

3・3　数理的アプローチによる古墳研究の今後

先行研究との比較

今回の解析で得られた結果と、上田の型式分類とは、上記のように類似した部分があるものの、むしろ上田が型式としてまとめた範囲内での分散傾向、言い換えれば上田の型式を構成する諸古墳の形態上の距離を強調する結果となった。第一主成分にそってA型とB型が分かれる傾向は明確に追認できたが、上田の設定した線分の比は、第一主成分と（共通する特徴を捉えている面はあるものの）完全に同じ指標ではない。上田の方法では直接的には考慮されていない横幅や、高さといった属性が、今回の解析では可視化されていると考えられる。

多くの特徴を使った今回の方法のほうが、上田（1963）の方法よりも妥当性が高いように感じられるかもしれないが、どちらの方法がより適切かは、古墳がどのように築造されたかに依存するため一概には言い切れない。つまり、古墳を築造するに際して、基準になっている部位や点間の長さがあるのであれば、そうした形態的特徴をもちいればよい。しかしながら、どういった特徴が重要かという明確なモデル（先述した築造方法や設計図の書き方）がない場合に、差異化に有用な特徴をまず抽出したいのであれば、できるだけ多くの特徴を考慮するという研究戦略は、一定の妥当性を有するだろう。

今回行ったランドマーク法をはじめとする幾何学的形態測定学の方法では、形態を離散的にではなく、連続的に扱える。このような解析の利点として、型式内の形態の分散や、型式間の（平均）形態の類似度を量的に把握できることが挙げられる。また、形態間の類似度と、古墳の空間配置との関連性を分析すれば、墳丘形態に関わる情報の時空的展開がどのように行われたと推論するべきかを考えるきっかけにもなるだろう。

これまで関心を集めてきた「相似墳」に関していえば、今回の解析によって、そのように言えるかもしれない程度には類似度が高いいくつかの古墳の組は想定可能である。しかし、それのみによって、設計図の共有などが自動的に認定できるわけではない。設計図の共有なしに、偶然や製作工程上の制約によっても類似した形態が生まれる可能性があるからである。その一方で、数理的な方法であれば、人力で検討することが難しい数の比較でも、同一の基準で行っていることが保証される。今後数理的な方法を導入していく上では、仮説の検証よりも、仮説の構築のためにもちいるほうが、日本考古学の気風に馴染みやすいかもしれない。こうした使い方は、日本考古学が蓄積してきたデータと方法論を、より活用するための一助となるだろう。

課題と展望――考古学的知見と数理的手法をどう融合していくか

本研究で提案した手法にも問題点が存在する。現在利用可能なデータソースの大半は測量図であるが、その精度は残念ながら一定ではない。ニサンザイ古墳について、精度の異なる二つの測量図を使うことで、部分的にではあるがこの問題を検討した。つまり、ニサンザイ古墳の測量図について、宮内庁による新旧二種類の図面（末永 1975; 加藤ほか 2013）を使用した場合に、どちらのデータセットでも、質的な違いは観察されなかった。したがって、ニサンザイ古墳の二つの測量図について、測量精度の違いよりも、古墳の墳丘形態の変異のほうが大きかったと考えられる。小沢（1988）でも、「墳丘の崩壊部分の修正なしに、現形の全数比較のみによっても、考古学者による型式分類とほぼ同等の結果を導くことができるという方法論上の所見が得られたことである」と述べている（１０７頁）。その一方で、小沢の解析でも、今回の解析でも、最初から状態のよい古墳しか使用していないことには注意が必要である。後世の改変や築造中の誤差の問題を数理的に解決するために、ある程度の類似が見られた古墳群は築造企画を共有しているとみなし、おたがいを「雛形」とみなして両者の形態が本来はより類似していたと想定して解析することが有効かもしれない。

問題の解決に寄与できると考えられるもう一つの方法は、デジタル測量をはじめとする高精度のデータの蓄積である。その一方で、高精度データの利用は、また別の問題点をもたらす。上田（1963）に端を発する古墳の墳丘形態研究の目的の一つは、実際の墳丘面の比較を通して、その背後にある築造企画の比較をすることである。しかしながら、実際の墳丘面は、さまざまな理由により設計とは異なる。つまり、高精度のデータを無批判に受け入れ、そのまま使用することは、必ずしも研究目的にかなうわけではない可能性がある。このことは考古学においても認識されており、小沢（1988）では、「作図操作によって、前方後円墳の計測を行う際の基本原則は、実測図に表されている墳丘の現形そのものを計測するのではなく、その背後にある築造企画を、実測図が含むさまざまな証拠を手がかりとして推定し、数値化することである」（95頁）と述べられている。小沢（1988）は、現存する墳丘形態の解析と測量図上での作図の研究方法の利点をそれぞれ客観性と「弾力性のある適応力」とし、両者の組み合わせの必要性を問いている（107頁）。こうした理由のため、本研究でもちいた、「状態のよい」側を選択し解析に含める方法も、ある程度正当化できる部分があるかもしれない。その一方で、今回プロクラステス再配置により行った位置の重ね合わせは、より考古学的に妥当な仮定のもと行う必要があるかもしれない。たとえば小沢（1978）のように、後円部を基準にすることが考えられる。標識点の選定基準や「状態がよい」ことの定義も含め、今後取り組んでいくべき課題であろう。

この課題を含め、上述した他の課題の克服にも、前方後円墳設計のモデル、言い換えるならば、当時の人々がどのようにして古墳を認知し設計を行ってきたのか、のモデルが必要である。そして、このモデルの構築には、数理科学的な素養と同時に、これまで考古学が積み上げてきた知見が重要な役割を果たすはずである。

謝辞

本研究の遂行にあたり、先導的人文・社会科学推進事業の他、科学研究費「考古学と情報学の融合による文化進化学の構築」（研究活動スタート支援 No. 16H06615）、科学技術人材育成のコンソーシアムの支援を受けた。また編者の中尾央氏および匿名の査読者には本章を改善するための有益なコメントを頂いた。記して感謝申し上げる。

参考文献

Dryden, I. L. (2017). shapes: Statistical Shape Analysis. R package version 1. 2. 0. Avairable at https://CRAN.R-project.org/package=shapes

Rohlf, F. J. (2017). tpsDig. Version 2. 30. Department of Ecology and Evolution, State University of New York. Available at http://life.bio.sunysb.edu.morph/.

Zelditch, M., Swiderski, D., & Sheets, H. D. (2012). *Geometric morphometrics for biologists: A primer. 2nd edition.* Cambridge: Academic Press.

甘粕健 1965「前方後円墳の研究――その形態と尺度について」『東洋文化研究所紀要』37、7-110頁。

石部正志・田中英夫・宮川渉・堀田啓一 1979「畿内大形前方後円墳の築造企画について」『古代学研究』89、1-22頁。

上田宏範 1963「前方後円墳における築造企画の展開」、橿原考古学研究所編『近畿古文化論攷』111-136頁、吉川弘文館。

生形貴男 2005「現代形態測定学：化石、人骨、石器等のかたちの定量・比較ツール」『第四紀研究』44-5、297-313頁。

小沢一雅 1978「前方後円墳の形態研究とその計数的方法の試み」『考古学研究』25-2、29-46頁。

小沢一雅 1988『前方後円墳の数理』雄山閣。

加藤一郎・清喜裕二・土屋隆史・徳田誠志・横田真吾 2013「東百舌鳥陵墓参考地整備工事予定区域の事前調査」『書陵部紀要 陵墓篇』65、5-88頁。

岸本直文 1992「前方後円頂築造規格の系列」『考古学研究』39-2、45-63頁。

椚國男 1976『古墳の設計』築地書院。
澤田秀実 1990「東北日本における前方後円墳の出現とその様相―主に福島県の前方後円（方）墳の検討から」『法政考古学』15、43‐61頁。
末永雅雄 1975『古墳の航空大鑑』学生社。
都出比呂志 2005『前方後円墳と社会』塙書房。
新納泉 1992「巨大墳から巨石墳へ」『新版古代の日本4』115‐132頁、角川書店。
新納泉 2011「前方後円墳の設計原理試論」『考古学研究』58‐1、16‐36頁。
西村淳 1987「畿内大型前方後円墳の築造企画と尺度」『考古学雑誌』73、43‐63頁。
北條芳隆 1986「墳丘に表示された前方後円墳の定式とその評価―成立当初の畿内と吉備の対比から」『考古学研究』32‐4、42‐66頁。
和田晴吾 1981「向日市五塚原古墳の測量調査より」小野山節編『王陵の比較研究』49‐63頁、京都大学文学部考古学研究室。

第4章

戦争と人類進化
——受傷人骨の視点から

中川朋美・中尾 央

4・1 戦争と進化

戦争と人類

戦争は常に人類の歴史とともにあった——そこかしこでこうした表現を目にする。たしかに日本だけを見ていても、戦争のない時代を探すほうが難しい。比較的平和であったと言われる江戸時代でさえ、小規模ながらいくつかの内乱が知られている。さらに二回の世界大戦、戦国時代、政権をめぐる各種の争いなど、先の主張を裏付けるようにさまざまな戦争が次々と思い出される。

こうした考えは古くから、さまざまな分野の研究者に共有されてきた。たとえばトマス・ホッブズやイマニュエル・カントのような哲学者にも同様の主張が見られる。カントは『永遠平和のために』の中で次のように述べている。「一緒に生活する人間の間の平和状態は、なんら自然状態（status naturalis）ではない。自然状態は、むしろ戦争状態である。言い換えれば、それはたとえ敵対行為が常に生じている状態ではないにしても、敵対行為によってたえず脅かされている状態である。それゆえ、平和状態は創設されなければならない」（Kant 1795: ch. 2冒頭、邦訳26頁）。このように、人類は戦争とともにあったのかもしれない。

まったく逆の主張を支持する人たちもいる。とくに二〇世紀半ば頃の人類学においてはそうだった。農耕が開始される以前、人類は狩猟採集生活を営んでいたと考えられているが、現在でも狩猟採集生活を営んでいる民族がいる。こうした民族を調査したところ、農耕が定着した社会や、国家制度が登場している社会ほどに争いは見られず、平和な生活を営んでいるように見えたのである（e.g. Otterbein 1999）。

先ほどと同様、この立場にも古くからの支持者がいるとされる。それがジャン＝ジャック・ルソーである。「未開人は、森の中をさまよい、産業も言語ももたず、定住せず、戦争も同盟もなく、仲間も必要としなければ彼らを傷つけようともせず、もしかすると一人一人をそれぞれ認識することもなく、わずかな感情にしたがいながら、自分一人で満足して」いたとルソーは述べる（Rousseau 1755 第一部末、邦訳74頁、一部訳文を改変した）。

もし一つめの主張が正しく、二つめの主張が誤りだとすれば、人類は狩猟採集民のころから戦争に関わっていたと考えられるだろう。これを民族誌・考古学のデータをもちいて裏付けようとしたのが、ローレンス・H・キーリーである（Keeley 1996）。

キーリーが注目したのは戦争による殺人の割合だった。もちろん、民族誌であればどれだけの人間が戦争で死んだかについて、（それほど昔の事例でなければ）そのときの様子をくわしく知ることができ、死者数を数えられるケースも少なくない。ただ考古学の場合、過去を対象とする以上当時の戦争の生々しい様子を見聞きすることはできない。そこで注目されるのが、傷を受けた人骨、いわゆる受傷人骨である。

考古学では発掘などで数千年前の人骨が出土したりする。その際、鏃（やじり）などの武器がささったまま出土することもある。このような受傷人骨が、出土した総人骨数に対してどの程度出土するのかという割合（これを受傷率と呼んでおく）から、どれだけの人間が戦争などの争いによって死亡したかを推定するのである。キーリーは一〇の民族誌、また一四の考古学データを取り上げながら、戦争で死亡したと考えられる人間がかなりの割合で存在し、人間が狩猟採集民のころには平和であったという主張が誤りだと論じたのである。キーリーの研究は、考古学・人類学におけるこの先二〇年の戦争研究にとって、大きな方向転換を迫るきっかけとなった。

戦争とは何か

キーリー以降の話に入る前に、本章で扱う戦争とは何かについて一言触れておこう。戦争と聞くと、銃器や戦車などをもちいる近代的な戦争などを思い浮かべる人が多いかもしれない。しかし、もちろん先史時代にこうした戦争は見られない。ただ、だからといってまったく争いがなかったわけでもないし、近代の戦争と共通する部分のある、何かしらの争いがあったことは間違いない。

注意しなければならないのは、戦争は原始的なものから近代的なものまで、さまざまという点である。先史時代でも、石製・鉄製の鏃や剣・斧などが発見されており、後述するように、おそらくは殺傷のためにそれらが使用されることもあった。また、近代のもののみを戦争とみなせば、戦争の歴史を遡ることができなくなるという問題もある。

したがって、ここでは佐原（1999: 59）による「多数の殺傷を伴い得る集団間の武力衝突」という定義を戦争の定義として採用しておきたい。もちろん佐原は以下で触れる殺傷人骨のみで、こうした戦争の起源が明らかにできるとは考えていないし、この点はもちろんわれわれも同意する。戦争の証拠として、佐原（1999: 60）は①守りの村＝防御的集落、②武器、③殺傷人骨（本章では受傷人骨という言葉をもちいるが、同義である）、④武器の副葬、⑤武器形祭器、⑥戦士・戦争場面の造形を挙げている。本章はこの③である受傷人骨を中心に、日本先史時代における戦争を見ていく。

戦争と人類進化をめぐる議論

話を本筋に戻そう。キーリーの主張をさらに発展させたのが、サミュエル・ボウルズとスティーブン・ピンカーである。ボウルズはキーリーのデータを拡張させ、また出土している総人骨数が一〇個体を超える遺跡のみに注目し、受傷人骨の割合を計算している。これは、出土人骨数が少なすぎれば、受傷率が計算できたとしても、それはたまたま偏った割合を示しているだけの可能性が高いからである。(1) その結果、数値としてはおおよそ一二〜一五パーセントほどの割合が平均値として得られている。

ボウルズはこの値をもとにして、戦争による集団間選択が、自分を犠牲にして集団に貢献しようとする偏狭な利他性(parochial altruism)を進化させたという数理モデルを構築した(Choi and Bowles 2007; Bowles 2009)。このモデルはさまざまな分野に影響を与えており、現在でも検討が続けられている(e.g. Rusch 2014)。

ピンカーはボウルズやキーリーが依拠していたデータをさらに拡張し、戦争の割合を狩猟採集民の社会から現代国家にまで考察を広げている(Pinker 2011, 以下表4-1も参照)。そしてピンカーは、戦争による死亡率が狩猟採集民社会より現代社会において低い点に注目し、国家によって秩序が生み出され、戦争が減少したのだと主張している。いわば、ホッブズ的なリヴァイアサンの登場により、人間は戦争という自然状態から脱したのである。

キーリー、ボウルズ、ピンカーらの研究により、多方面で先史時代もしくは現代の狩猟採集民・半農耕民に関する戦争の研究がさかんになってきている(e.g. Arkush and Allen 2006; Allen and Jones 2014; Fry 2013; Gat 2008; Kelly 2000; LeBlanc with Register 2003)。たとえば進化心理学で著名なジョン・トゥービーとレダ・コスミデスは、キーリーらの主張を支持しながら次のように述べている。「戦争は先史時代を通じて見られる……考古学的記録を見れば、そのいたる

表4-1　ピンカーによる各種遺跡での（戦争による）受傷人骨の割合

項目番号	場所	時期	受傷率(%)
1	South Dakota	AD 1325	60
2	Nubia (Site 117)	12000 BC – 10000 BC	40.7
3	Sarai Nahar Rai, India	2140 BC – 850 BC	30
4	British Columbia (30 sites)	3500 BC – AD 1674	23
5	Voloshkoe, Ukraine	7500 BC	22
6	Vasilyevka Ⅲ, Ukraine	9000 BC	21
7	Illinois	AD 1300	16.3
8	Northeast Plains	AD 1485	15.0
9	Vedbaek, Denmark	4100 BC	13.6
10	Bogebakken, Denmark	4300 BC – 3800 BC	12
11	Ile Teviec, France	4600 BC	12
12	Brittany, France	6000 BC	8.0
13	Central California	1400 BC – AD 235	8
14	Skateholm, Sweden	4100 BC	7
15	Southern California (28 sites)	3500 BC – AD 1380	6
16	Kentucky	2750 BC	5.6
17	Central California	1500 BC – AD 1500	5.0
18	Calumnata, Algeria	6300 BC – 5300 BC	4
19	Central California (2 sites)	AD 240 – AD 1770	4
20	Nubia (near Site 117)	12000 BC – 10000 BC	3
21	Gobero, Niger	14000 BC – 6200 BC	0.0

ところに判断を下すのに十分な証拠があり、戦争の痕跡が見つけられる。戦争はバンド、首長制、国家など、どんな社会組織の下でも見られる。それは人口密度が相当に低くなければどこでも、そして過酷な周辺地域においてさえである。狩猟採集生活でお決まりの一部だったのである」（Tooby and Cosmides 2010: 191）。

他方でこうした主張に反対する研究者も少なくない。ダグラス・P・フライとR・ブライアン・ファーガソンといった人類学者・考古学者がその代表格だろう。フライは民族誌のデータをもちい、またファーガソンは考古学データに依拠しながら、狩猟採集民の間で必ずしも戦争が高い頻度で見られないことを指摘している（Ferguson 2013a; Ferguson 2013b; Fry and Söderberg 2013）。とくにファーガソンはこれまでピンカーやボウルズなどが依拠してきた考古学データがいかに偏り、また不十分なものであるかについても明らかにしている（Ferguson 2013a; Ferguson 2013b; 中川・中尾 2017）。

また、日本考古学においても、狩猟採集を行っていた縄文時代において戦争が見られないという主張が支配的であった（e.g., 佐原 1999; 松木 2006）。ただ後述するように、こうした主張は縄文時代に関するまとまったデータに基づいたものではなく、部分的な考古学的証拠に依拠している。それゆえ、こうした主張を裏付けるためにも、体系的なデータとそれに基づいた検証が必要になってくるのである。

さらに、海外で行われてきた上記考察には日本のデータがほとんど含まれていない（ボウルズはアイヌのケースを考慮していたようだが、総人骨数が少なかったのか、最終的な検討では省かれている）。では日本はどうだったのだろうか。この問いに対する研究の結果が本章の内容である。実際、日本の考古学データは他の国に比べても非常に充実しており、上記の主張を検討するには適した内容をもっている。ただ問題は、ほとんどのデータが集成されておらず、ばらばらの状態のままになっているという点である。したがって、これらのばらばらなデータを集成し、日本先史時代全体を通じて戦争がいつ、どこで見られるのかを大局的に考察しておく必要がある。

本章の結論を先にまとめておくと、①受傷人骨の出土状況を見るかぎり、縄文時代において戦争は行われておらず、他方で、②弥生時代においては戦争が起きていた可能性のある時期・地域が見られる。以下、まずは縄文時代のデータについて確認し、次に弥生時代のデータを確認する。また最後に、ここまでの議論が日本特有のものでないことを確認するため、日本のデータとヨーロッパ中石器時代のデータを比較しながら、戦争と人類進化の関係について考察する。

4・2　縄文時代における戦争

縄文時代

縄文時代は主に六つの時期に分けられる。草創期（一三〇〇〇〜一〇〇〇〇 cal BC）、早期（一〇〇〇〇〜五〇〇〇 cal BC）、前期（五〇〇〇〜三五〇〇 cal BC）、中期（三五〇〇〜二四〇〇 cal BC）、後期（二四〇〇〜一二五〇 cal BC）、晩期（一二五〇〜八〇〇 cal BC）である。この時期区分の幅は研究者によって多少前後することもある。

縄文時代以前には土器を作っていなかった旧石器時代があり、以後には次節で触れる弥生時代が続く。縄文時代を通じ、人間は主に狩猟採集生活を営んでいたとされ、縄文時代後期・晩期頃から弥生時代前期にかけて、日本全土に農耕が拡散していったと考えられている。

とはいえ、縄文時代は一部の狩猟採集民とは大きく違う点がある。それが定住である。通常狩猟採集民は定住せず、住む場所を流動的に変化させていた。しかし縄文時代は旧石器時代の流動的な生活様式を捨て、完全とはいえないものの定住生活に踏み切った時代である。とくに前期から中期にかけて、定住化が進んだと考えられている（e.g., Matsumoto 2011）。こうした定住性が戦争を引き起こしたと考える研究者も多く（e.g., Ferguson 1997）、もし定住性と受傷率の変動が相関していれば、こうした主張を裏付ける重要な証拠となるだろう。

しかし、縄文時代はかねてより戦争の証拠が見られない時期だとされてきた（佐原 1999）。たとえば防御帯をもった集落はほとんど見つかっていないし、鉄器も普及していないため、武器も貧弱である。また受傷人骨もあまり発見されておらず、この観点からも戦争が起こっていなかったと指摘されてきている。以下の考察は、こうした見解を体系的かつ定量的に裏付けようとするものである。

縄文時代古人骨

この縄文時代の古人骨に関しては、歴史民俗博物館の山田康弘が集成したデータがある（山田 2006）。このデータは埋葬状況が明らかな人骨のみであるが、それでも二〇〇〇体を超えるデータが集成されている。また、縄文時代における受傷人骨についても、藤原（2004）、内野（2013）による集成があり、そのデータが利用できる。また、本当に争いによる受傷人骨であるかどうかの判定が難しいものもある。しかしここでは、そうした疑わしいものも含め、割合として最大値を計算してある。最大値を計算したのは、日本考古学における従来の主張にしたがえば、ピンカー、ボウルズが算出した割合より、縄文時代の受傷率が低いと想定され、それを確かめるためである。

古人骨データをまとめたもの。

(6)受傷人骨*	(7)大人の受傷人骨*	(3)/(1)	(4)/(2)	(7)/(5)
1	1	0.88%	2.56%	3.57%
0	0	0.00%	0.00%	0.00%
3	3	1.35%	2.91%	3.09%
6	6	0.74%	1.49%	1.51%
9	9	1.07%	2.12%	2.09%
19	19	0.89%	1.81%	1.81%

これらのデータをまとめ、①総受傷人骨／総人骨（3）／（1）、②総成人受傷人骨／総成人人骨（4）／（2）、③出土人骨数が一〇個体を超える遺跡のみで計算された総成人受傷人骨／総成人人骨（7）／（5）という三種類の比率を計算した結果が表4－2である。

この表を見ればわかるように、縄文時代における受傷人骨の割合は、さきほど触れたボウルズらの研究での割合、すなわち一二～一五パーセントという割合よりもはるかに低い値となっている。したがって、縄文時代に戦争があったとしても、その頻度は他の地域よりもはるかに低かったと考えられる。

また、とくに中期で受傷率が高いが、先述したように定住化が進んでいったのも前期から中期にかけての時期であった。このように、この受傷人骨の割合の増加は定住生活が戦争の原因であるという主張に一定の支持を与える結果になっている。もちろん、集落の規模が大きく変化することからもわかるように、縄文時代の人々は完全に定住生活

表４-２　縄文時代における

時期	(1)総人骨	(2)大人	(3)受傷人骨	(4)大人の受傷人骨	(5)大人*
早期	113	39	1	1	28
前期	216	117	0	0	98
中期	371	172	5	5	97
後期	944	470	7	7	398
晩期	932	471	10	10	430
合計	2576	1269	23	23	1051

＊は総人骨数が10個体を上回る遺跡のみで計算した結果である。主に山田（2006）、内野（2013）、藤原（2004）に依拠している。

にシフトしたわけではない（e.g. Habu 2008）。したがって、定住生活が戦争とどこまで関わるのかについては、さらなる検証が必要である。

次に、縄文時代における受傷人骨出土遺跡を地図上に配置したのが図４－１である。

もし「多数の殺傷を伴いうる集団間の武力衝突」である戦争が頻繁に起こっていたとすれば、受傷人骨が狭い地域に密集して出土してもおかしくはない。実際、次節で確認する弥生時代の場合、一部の時期・地域で受傷人骨が密集して出土している。しかし縄文時代の場合、受傷人骨が出土する時期・地域はかなり散発的である。例外は晩期の渥美半島で見つかった遺跡（伊川津貝塚・保美貝塚）、あるいは後期の関東地方で発見された遺跡（加曽利南貝塚、冬木A貝塚、下沼部貝塚）だが、それ以外はばらばらに出土している。したがって、こうした時空間配置から考えてみても、戦争が頻繁に起きていたとは言い難いのが現状である。

さらに、受傷人骨の割合がそのまま戦争の頻度を表すわ

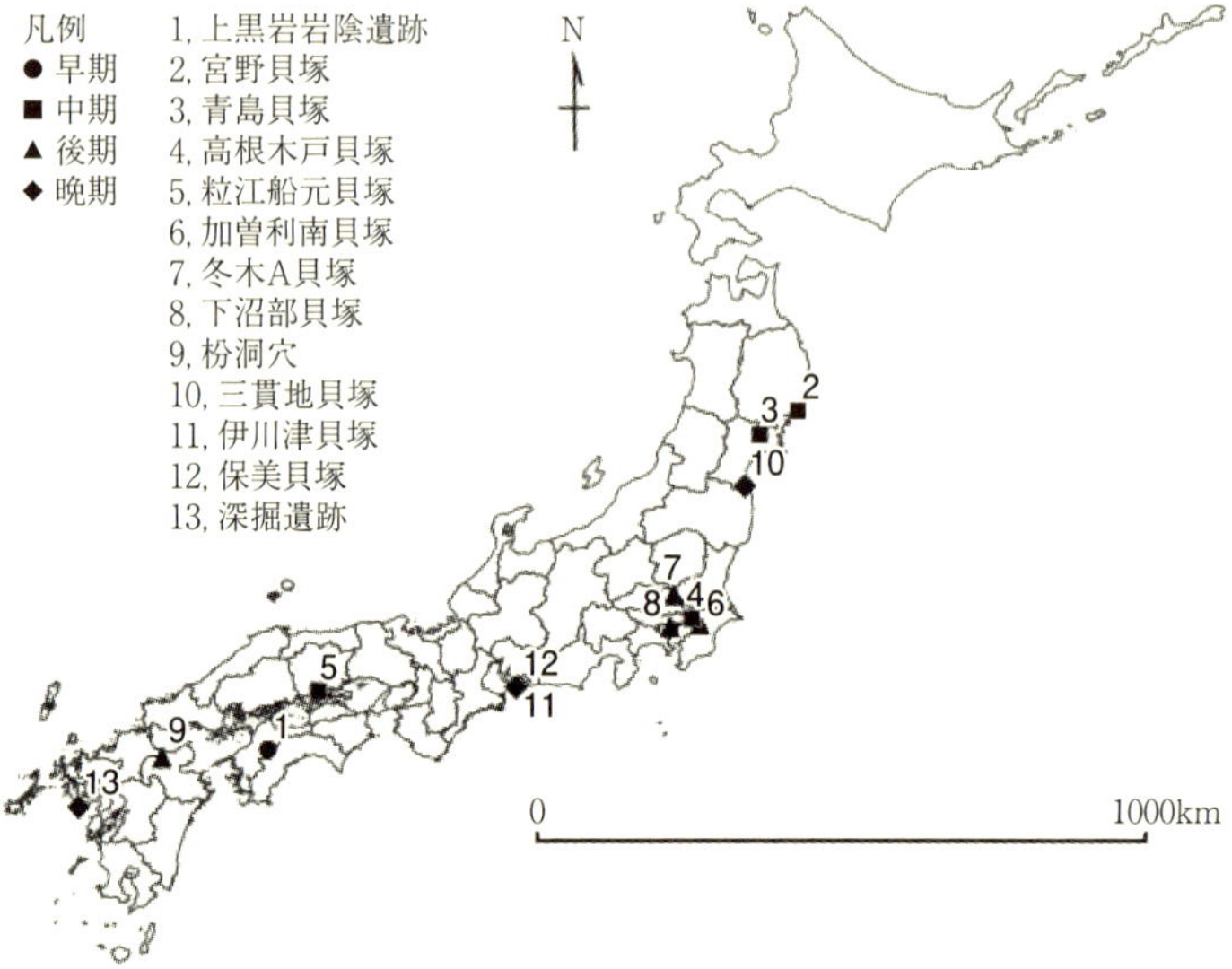

図 4-1　縄文時代に受傷人骨が発見された遺跡の分布図

けではない。戦争ではなく、個人間での争いでも傷を受ける可能性があるからだ。それを考えれば、戦争による受傷人骨の割合はさらに下がるはずである。したがって、縄文時代においては、戦争はほとんど見られなかったと考えてもよいだろう。

4・3　弥生時代における戦争

弥生時代

では農耕が本格的に始まったとされる弥生時代はどうだろうか。農耕が本格的に始まれば、獲得できる食料が増加して人口も増加する。人口が増えればまた農耕のための土地を新しく準備しなければならないが、農耕に使える土地は無限にあるわけではない。だとすれば、土地をめぐる争いが起きてもおかしくはない。

さらに、米のように備蓄できる作物が手に入るようになれば、貧富の差が生じて社会に階層が生じるかもしれない。こうした背景から、農耕の出現などによる人口増加と階層性の出現が戦争の引き金になっていると考える研究者も少なくない（e.g., Ferguson 1997）。

この弥生時代もまた、縄文時代と同様いくつかの時期に分けられている（そして縄文時代と同様、時期幅は研究者によって多少前後する）。早期（八〇〇～六〇〇 cal BC）、前期（六〇〇～三〇〇 cal BC）、中期（三〇〇 cal BC～AD五〇）、後期（AD五〇～AD二五〇）である。弥生時代の後に続くのが古墳時代であり、その後には歴史時代の始まりである奈良時代が続く。従来、弥生時代は農耕が始まった時代だと考えられてきたが、近年の研究により、農耕そのものが開始されたのは古人骨データをまとめたもの。

(6)受傷人骨*	(7)大人の受傷人骨*	(3)/(1)	(4)/(2)	(7)/(5)
5	5	22.22%	24.00%	50.00%
1	1	3.00%	4.49%	0.87%
53	49	2.98%	3.68%	3.18%
15	15	2.46%	4.05%	5.56%
74	70	3.03%	4.01%	3.62%

縄文時代後期・晩期である可能性が指摘されている（藤原 1999）。ただ、本格的に農耕が定着したのは弥生時代である。

こうした弥生時代は縄文時代とは対照的に、戦争が始まった時期と考えられてきた（佐原 1999）。防御帯を持った集落（環濠集落）の発展（藤原 2011）、鉄製武器の発達などがその証拠である（松木 2005）。受傷人骨についても、やはり弥生時代から増加することが指摘されてきたが（橋口 2007）、縄文時代と同様、本章の考察はこうした主張を定量的に検討している。

弥生時代古人骨

弥生時代に関しては古人骨の集成がなされていないが、文献や発掘報告書の情報については池田（1981, 1986）、池田・松村（1992）、池田・中橋（2001a, 2001b）、奈良他（2016a, 2016b）による集成がある。また九州大学所蔵の資料については九州大学医学部解剖学第二講座（1988）という集成があり、奈良文化財研究所の全国遺跡報告総覧でも「人骨」をキーワードにして関

表 4-3　弥生時代における

時期	(1)総人骨	(2)大人	(3)受傷人骨	(4)大人の受傷人骨	(5)大人*
早期	27	25	6	6	10
前期	233	156	7	7	115
中期	2347	1794	70	66	1541
後期	691	420	17	17	270
合計	3298	2395	100	96	1936

＊は総人骨数が 10 個体を上回る遺跡のみで計算した結果である。

連する報告書を発見することができる。

これらの文献に依拠して集成したデータが表４－３にまとめてある。また弥生時代におおよそ並行する時期として、北海道では続縄文時代（三〇〇 cal BC～AD 七〇〇）と呼ばれる時期が設定されているのだが、この時期の北海道は弥生時代とは違って主に狩猟採集を営んでいるため、今回の分析からはひとまずこの続縄文時代を外してある。

割合だけを見ると、やはりボウルズやピンカーらによる先行研究よりははるかに低い値となっている。したがって、農耕が主要な生業になってからでも、それほど高い頻度で戦争が見られたわけではないと考えられる。

もちろん、戦争が行われた可能性はゼロではない。まず、縄文時代と同様、弥生時代に関しても三通りの計算結果を示したが、それぞれの計算結果について統計的な検定（カイ二乗検定）を行った結果、両者の間には有意な差が見られる。すなわち、①総受傷人骨／総人骨の場合（χ^2 (1, N＝5,874)＝32.286, p<.001）、②総成人受傷人骨／総成人人骨の場合（χ^2 (1, N＝3,664)＝12.729,

$p<.001$）、③出土人骨数が一〇個体を超える遺跡のみで計算された総成人受傷人骨／総成人人骨（χ^2（1, N＝2,987）＝7.702, p＝.0055）という結果である。この結果は、弥生時代において、縄文時代よりは高い頻度で暴力が見られる可能性を示唆する。

次に、縄文時代と同様、受傷人骨が出土した遺跡を地図上に配置したのが図4－2である。一見してわかるように、中期の北部九州、そして近畿の平野部に関連遺跡が密集して発見されている（両者の拡大地図は図4－3を参照）。もし戦争が高い頻度で生じていれば、受傷人骨が密集して出土すると考えられるが、弥生時代中期は特にこの予測を裏付けるような分布を見せている。

また、後期の青谷上寺地遺跡のように、一〇体以上もの受傷人骨が出土している遺跡もあり、これは集団殺戮の証拠である可能性が指摘されている（e.g., 中橋 2015; 各遺跡の詳細な出土人骨一覧は Nakagawa *et al.* 2017: supplementary information）。この遺跡では一〇〇体以上の人骨が出土しているが、受傷人骨の傷には治癒痕が見られないことから、それが致命傷となって死んだと考えられている。

ここまでの議論をまとめておこう。弥生時代も全体を通じて見た場合、受傷率は、先行研究で指摘されてきた割合よりはるかに低い値になっている。しかし、縄文時代と比較した場合には統計的に有意な差が見られ、また一部の時期・地域では戦争を示唆する証拠も見られる。したがって、弥生時代には戦争が起きていた可能性が高く、これは農耕によって戦争が始まった

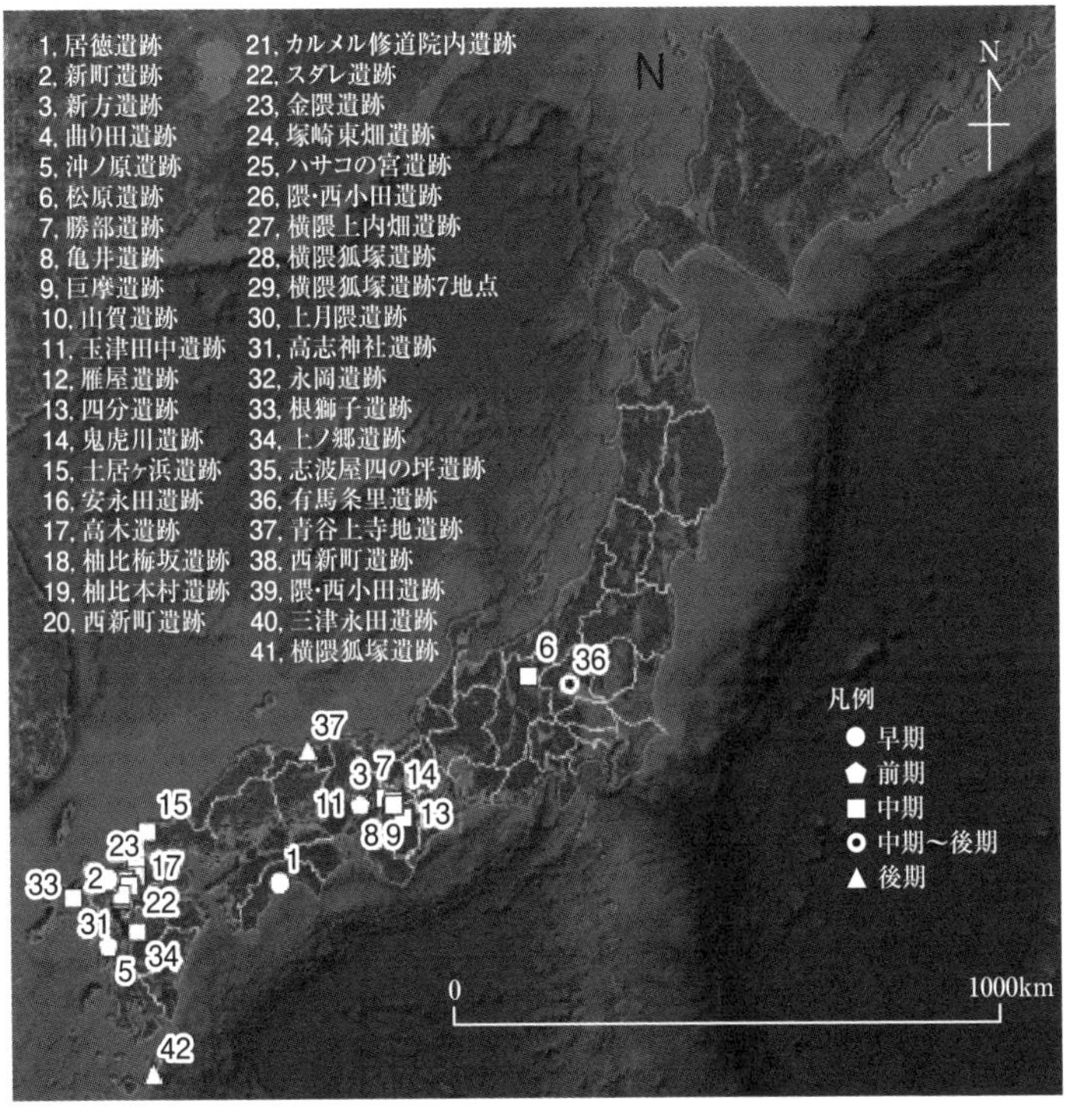

図 4-2　弥生時代における受傷人骨出土遺跡（日本全土）。

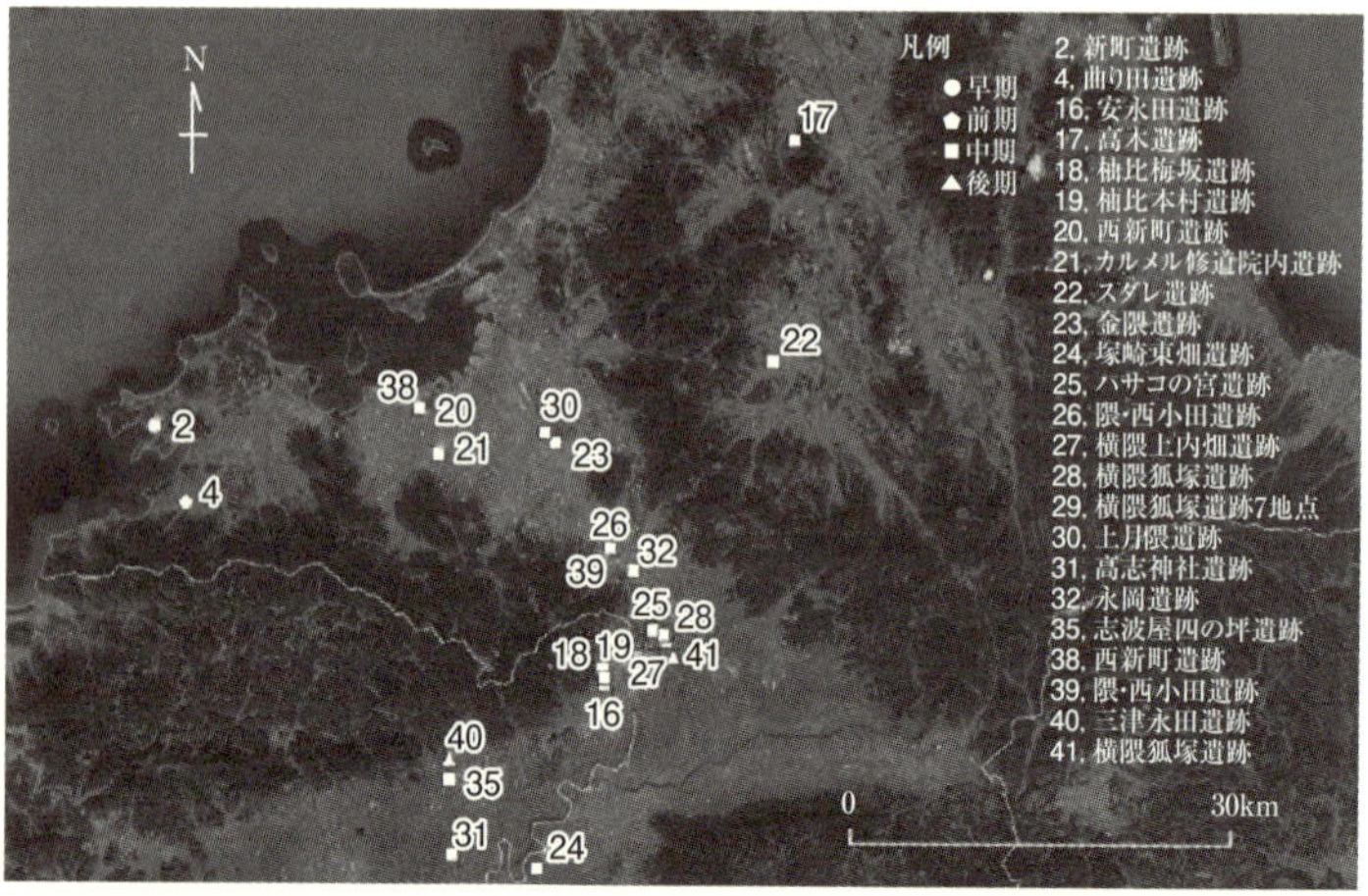

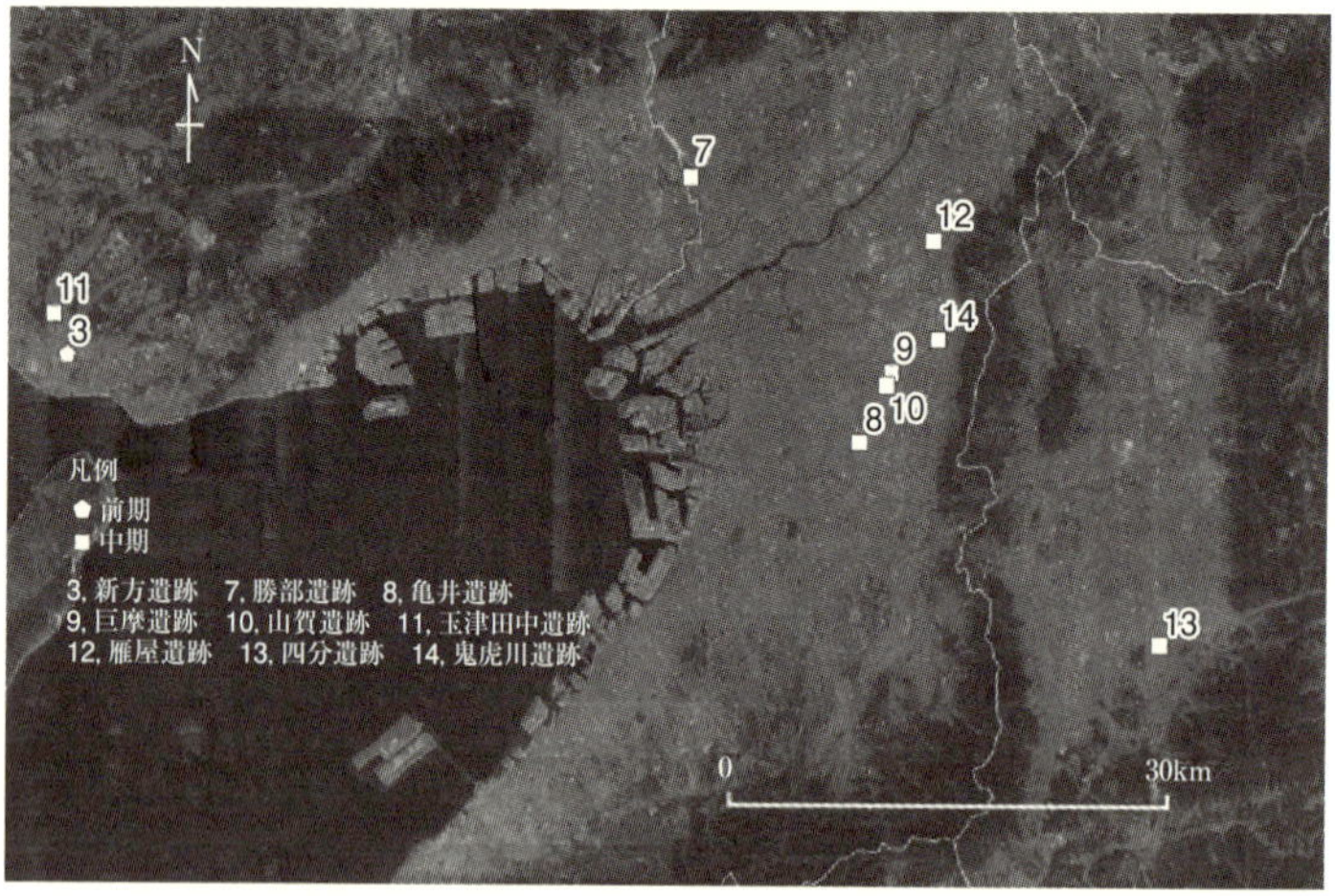

図 4-3　弥生時代中期における北部九州（上）と近畿（下）の受傷人骨出土地域を拡大したもの。

とされる、日本考古学における従来の主張とうまく一致する結果である。しかし、弥生時代全体を見てみると、どの時期・地域にも戦争があったとは考え難い。もしそうだとすれば、たとえばボウルズのいうような偏狭な利他性が選択できるほどに、弥生時代に戦争が強い選択圧だったかどうかは疑わしいと考えられる。

4・4　ヨーロッパ中石器時代における戦争

ヨーロッパ中石器時代

しかし、これまでの話は日本だけが特別だったというだけではないか——たしかに日本だけを見ていると、そう思われるかもしれない。では日本以外の地域はどうだったのか。それを確認するため、ここでは一つの例として、ヨーロッパの中石器時代（Mesolithic）の古人骨データを見ていこう。

中石器時代とは旧石器時代（Paleolithic）と新石器時代（Neolithic）に挟まれた時代である。この時期、人々はおおむね狩猟採集生活を営み、新石器時代には農耕が開始されると考えられている。ただ、一部の狩猟採集民に見られるような平等主義的社会ではなく、定住生活とともに社会階層が徐々にできあがってきた時代であり、また戦争が徐々に始まりつつあった時代であるとも言われている（Ferguson 2013b）。

時期幅としては、国や地域によって中石器時代とみなされる時期が異なるが、ヨーロッパ全土で見るとおおよそ一〇〇〇〇 cal BCから三〇〇〇 cal BC頃に相当すると考えられる。したがって、時期的にも、また定住などの性格から考えても、日本の縄文時代と似た点の多い時代である。

ただし、ヨーロッパ全土という広い地域には、当然ながら同じ時期にさまざまな文化が見られ、それぞれの文化に異なる特徴が見られる。本章で扱う戦争に関していえば、好戦的な文化として知られる文化もいくつか含まれており、代表的なものは五〇〇〇 cal BC〜三〇〇〇 cal BC頃のデンマークやスウェーデン南部を中心に広がっていたエルテベレ文化である。後述するように、たしかにこの時期・地域には比較的多くの受傷人骨が出土している。

しかし、同時期でも地域によって、受傷人骨の出土割合に違いがあるという点には注意が必要である。もしかするとこうした受傷人骨の出土割合の違い、そして戦争の頻度の違いは文化的な違いに起因するかもしれず、だとすると人類進化の過程を通じて常に戦争があったわけではない可能性が考えられるだろう。ヨーロッパ中石器時代のデータは、日本のデータと同様、こうした点を確認するのによいデータとなっている。

表 4-4　ヨーロッパ中石器時代の古人骨データ集成。各時期にわけてまとめてある。

時期	出土人骨数	受傷人骨数	受傷率
10000BC 以前	94	12	12.77%
10000-9000 BC	59	0	0.00%
9000-8000 BC	358	3	0.84%
8000-7000 BC	562	35	6.23%
7000-6000 BC	378	9	2.38%
6000-5000 BC	412	17	4.13%
5000-4000 BC	131	4	3.05%
4000-3000 BC	26	0	0.00%
	2020	80	3.96%

より詳細な遺跡のデータに関しては中川・中尾（投稿中）を参照。集成の際には Boroneant and Bonsall（2012）、Cullen（1995）、Cunha *et al.*（2004）、Estabrook（2014）、Frayer（1997）、Ferguson（2013b）、Jankauskas（2012）、Lillie（2004）、Meiklejohn（2009）、Meiklejohn *et al.*（2009）、Meiklejohn *et al.*（2010a）、Meiklejohn *et al.*（2010b）、Meiklejohn *et al.*（2011）、Meiklejohn and Woodman（2012）、Meiklejohn *et al.*（2014）、Meiklejohn *et al.*（2015）、Newell *et al.*（1997）、Oakley *et al.*（1971）、O'Shea, J. and Zvelebil（1984）、Papathanasiou（2012）、Price（1985）、Smits（2012）を参照した。

ヨーロッパ中石器時代の古人骨

本節ではこのヨーロッパ中石器時代の古人骨データ集成を提示するが、今回の集成データはかなりの程度二次文献に依拠している。なぜなら一次資料は各国の関連機関に所蔵され、国内では入手できないものが多数を占めていた上、一次資料となる報告書なども また、現地語で記述されているものが多数を占めていたからである。もちろん一部の資料に関しては詳細な報告にアクセスできるものもあったが、基準を統一しなければヨーロッパ全体の動向を大局的に見られないため、各遺跡で出土していると言われる総人骨数と受傷人数のみに注目し、データを集成した。その集成が表４‐４にまとめてある（各遺跡の詳細なデータは中川・中尾 投稿中 を参照）。

まず、全体の受傷率は四パーセントを下回っており、やはり一二〜一五パーセントという割合は見積もりが甘かった可能性が考えられる（この点についてはFerguson 2013bも参照）。とはいえ、縄文時代・弥生時代の受傷率と統計的な検定を行ったところ、縄文時代とヨーロッパ中石器時代の場合（χ^2(1, N = 4,631) = 47.3104, p<.0001）、弥生時代とヨーロッパ中石器時代の場合（χ^2(1, N = 5,353) = 2.8870, p = .0892）という結果が得られる。したがって、縄文時代との差は統計的に有意であるが、弥生時代との差はp<0.1という比較的弱い基準のもとでしか有意にはならない。それゆえ、縄文時代よりは戦争が見られる可能性が高く、またもしかすると弥生時代よりも高い頻度で戦争が見られていたと言えるかもしれない。

また、縄文・弥生時代と同様に受傷人骨が出土した遺跡を時代別にプロットしたのが図４‐４、国ごとにまとめたデータが表４‐５である。

まず、表４‐５を見ればわかるように、国ごとで受傷率には大きな差があり、すべての国で受傷率が高いというようなことはない。母数となる総人骨数が比較的多く、なおかつ受傷人骨も多数出土している国としては、ドイツ、ウクライナ、ラトヴィア、ギリシャ、デンマークといった国が挙げられるが、それ以外の半数以上の国では五パーセントより小さな値になってい

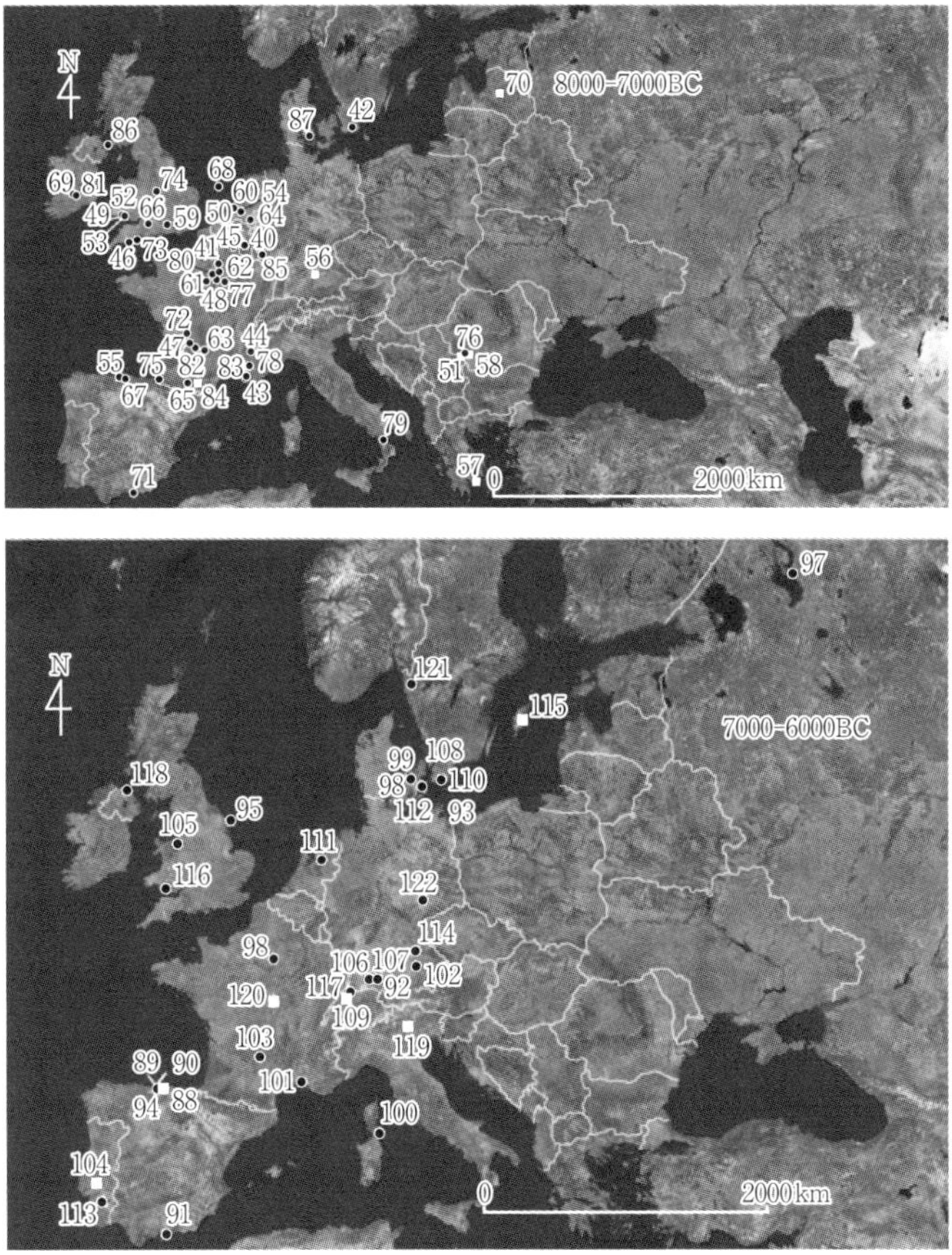

図 4-4　ヨーロッパ中石器時代の受傷人骨出土遺跡分布図（●：人骨が出土した遺跡、□：受傷人骨出土遺跡）。すべての時期を掲載すると煩雑になるため、ここでは 8000-7000 BC、7000-6000 BC の遺跡のみ掲載した。他の時期について、また番号と遺跡名の対応については http://hisashinakao.com/data/ を参照。

る。

　また図4－4が示しているように、受傷人骨遺跡が出土する地域・時期にも大きなばらつきがある。どの国でもおおむね、受傷人骨がすべての時期にわたって出土しているような地域は

表 4-5　国ごとの中石器時代人骨データ。

国名	総人骨	受傷人骨	受傷率
ベルギー	60	0	0.00%
デンマーク	82	6	7.32%
イギリス	102	1	0.98%
フランス	167	7	4.19%
ドイツ	51	17	33.33%
ギリシャ	21	2	9.52%
アイルランド	15	0	0.00%
イタリア	3	1	33.33%
ラトヴィア	51	6	11.76%
ルクセンブルグ	2	0	0.00%
オランダ	124	1	0.81%
ノルウェー	1	0	0.00%
ポルトガル	396	12	3.03%
ロシア	170	0	0.00%
セルビア・ルーマニア	605	10	1.65%
スペイン	57	1	1.75%
スウェーデン	65	3	4.62%
スイス	1	1	100.00%
ウクライナ	82	12	14.63%
合計	2055	80	3.89%

見られない。したがって、高い受傷率を示していたとしても、それは弥生時代の一時期に、一部の地域で多数受傷人骨が出土しているのと類似した状況と言えるかもしれない。もちろん、今後の課題として、個別の遺跡に関してより詳細な基準で分析を行う必要がある。

ここまでの議論を要約すると、ヨーロッパ中石器時代でさえ戦争が頻発していたとは言えない状況である。受傷人骨の割合を見ても弥生時代とそこまで大きく異なるわけではなく、また受傷人骨出土遺跡の分布も時期・地域的に一部密集している部分はあるが、中石器時代を通じて密集しているような地域はほとんど見られない。このように、ヨーロッパのデータを見てみても、日本先史時代のデータがそれほど特殊なものでないことがわかるだろう(2)。

4・5　戦争と人類進化——戦争の（歴史的）原因の究明に向けて

ここまで古人骨データに依拠しながら、とくに日本先史時代における戦争と人類進化の関係について考察してきた。縄文時代に戦争があったとは考えがたいが、弥生時代になって、一部の地域・時期で戦争が見られるようになったと考えられる。また比較のため、ヨーロッパ中石器時代の受傷人骨データを確認したが、日本のデータが特殊というわけではなく、やはり戦争が起こっていたとしても、それは時空間的にかなり限定的であった可能性が指摘できる。このように、戦争が常に人類とともにあり、人類進化の過程に大きな影響を与えてきたという主張には、やはり疑問が残るのである。したがって、戦争はある種の文化進化の産物といってもよいだろう。

もちろん、人骨だけを見ていても、戦争と人類進化の関係がすべて明らかになるはずもない。なぜ、どのように戦争が起きたのか、それを明らかにするには、人骨以外のさまざまな要因、環境変化や武器の進化などとの関連を確認していく必要がある。さらに、戦争の発生を示唆する証拠としても、人骨だけでは不十分である。戦争の発生を考察するには、冒頭でも触れたように、防御帯を備えた集落の発達、十分な殺傷能力を備えた武器の発達などといった、さらなる証拠の考察が必要になる。

また、こうした人骨に関する集成データだけに執心するのではなく、一次資料となる人骨そのものを詳細に検討すべきだという意見もあるだろう。それはまったくその通りであり、並行して行われるべき課題である。だが、データの集成とそれにもとづいた考察も、同様に重要なはずである。詳細な検討では特徴的な事例に目が行きやすくなるが、集成されたデータからは大局的な歴史的動態が浮かび上がってくる。この点を見過ごしてきたのが、これまでの（とくに日本）考古学が抱える問題の一つだろう。

最後に、集成されたデータに基づく定量的な考察は、今後の戦争研究にとっても重要な役割を果たす。受傷人骨のデータを含め、さまざまな要因・証拠との関連を総合的かつ定量的に考察し、戦争の発生に関する歴史的なモデルが構築できれば、戦争がどのような状況で起こりやすいかを予測する手助けにもなるからである。本章の考察は、その重要な第一歩であると考えられる。

謝辞

本研究の遂行にあたり、先導的人文・社会科学推進事業の他，松下幸之助記念研究財団研究助成、サントリー文化財団研究助成「戦争と人間の本性に関する進化考古学的研究」、科学研究費「考古学理論・実践の歴史・哲学的考察に基づく人文学の哲学の基盤構築」（若手研究（B），No. 16K16685）の支援を受けた。匿名の査読者からも有益なコメントをいただいた。また関連文献の収集にあたり、山口大学図書館の方々（とくに和田裕子氏）には非常にお世話になった。感謝したい。

注

（1） たとえば一〇個のお菓子が目の前に並んでおり、その中で三つのお菓子が激辛だったとしよう。激辛に当たる確率は実際のところ三〇パーセントだが、たとえば他の誰かがすでにそのお菓子を数個食べてしまい、この確率を一部のサンプルを取り出して調べようとする場合を考えてほしい。たった二つしか調べられない場合と、五つ調べられる場合とで、どちらが三〇パーセントという実際の確率を正しく調べられるだろうか。当然、後者のほうが実際の確率を正しく言い当てられる可能性は高い。

（2） もちろんヨーロッパ中石器時代以外はどうなっているのか、気になる人もいるだろう。その他の地域の概要に関してはFerguson（2013b）、またカリフォルニアの現状についてはSchwitalla *et al.*（2014）、ヨーロッパ旧石器時代についてはHolt and Formicole（2008）を参照。おおまかに言えば、どの地域に関しても、ボウルズらの主張は誇張されたものになってしまっている可能性が高い。もちろん、戦争が本格的に始まっていった新石器時代以降は話が別である。

参考文献

Arkush, E. N. and Allen, M. W.（Eds.）（2006）. *The archaeology of warfare: Prehistories of raiding and conquest.* University Press of Florida.

Allen, M. W. and Jones, T. L.（Eds.）（2014）. *Violence and warfare among hunter-gatherers.* Routledge.

Boroneant, A. and Bonsall, C. 2012. Burial practices in the Iron Gates Mesolithic. In R. Kosalniceanu, R-G Curca, M. Gligor, S. Stratton（Eds.）*Homines, Funera, Astara: Proceedings of the International Symposium on Funerary Anthropology*（pp. 45-56）, BAR Internatuonal Series, 2410, Archaeopress.

Bowles, S.（2009）. Did warfare among ancestral hunter-gatherers affect the evolution of human social behaviors? *Science* 324, 1293–1298.（doi:10.1126/science.1168112）

Choi, J-K, and Bowles, S.（2007）. The coevolution of parochial altruism and war. *Science* 318 636–640.（doi:10.1126/science.1144237）

Cullen, T.（1995）. Mesolithic mortuary ritual at Franchthi Cave, Greece. *Antiquity* 69, 270-289.

Cunha, E., Umbelino, C., and Cardoso, F.（2004）. About violent interactions in the Mesolithic: The absence of evidence from the Portuguese shell middens. In M. Roksandic（Ed.）, *Evidence and meaning of violent interactions in Mesolithic and early Neolithic*（pp. 41–46）. BAR International Series, Archaeopress.

Estabrook, V. H. 2014. Violence and warfare in the European Mesolithic and Paleolithic. In Allen and Jones (2014), pp. 49–69.

Ferguson, B. F. (1997). Violence and war in prehistory. In: D. Martin & D. Frayer (eds.), *Troubled times: violence and warfare in the past* (pp. 321–355). Amsterdam: Gordon and Breach.

Ferguson, B. F. (2013a). Pinker's list: Exaggerating prehistoric war mortality. In D. P. Fry (2013) pp. 112–150.

Ferguson, B. F. (2013b). The prehistory of war and peace in Europe and the Near East. In D. P. Fry (2013), pp. 191–241.

Fry, D. P. (Ed.) (2013). *War, peace, and human nature: The convergence of evolutionary and cultural views*. Oxford, UK: Oxford University Press.

Fry, D. P. and Söderberg, P. (2013). Lethal aggression in mobile forager bands and implications for the origins of war. *Science* 341, 270–273. (doi:10.1126/science.1235675)

Frayer. D. W. (1997). Ofnet: Evidence for a Mesolithic massacre. In D. L. Martin & D. W. Frayer (Eds.). *Troubled times: Violence and warfare in the past* (pp. 181–216). Amsterdam: Gordon & Breach.

Gat, A. (2008). *War in human civilization*. New York, NY: Oxford University Press. (＝石津朋之・永末聡・山本文監訳 2012『文明と戦争　上・下』中央公論社)

Habu J. (2008). Growth and decline in complex hunter-gatherer societies: a case study from the Jomon period Sannnai Maruyama site, Japan. *Antiquity* 82, 571–584. (doi:10.1017/S0003598X00097234)

Holt, B. M. and Formicole, V. (2008). Hunters of the Ice Age: The biology of Upper Paleolithic people. *Yearbook of Physical Anthropology* 51, 70–99. (doi: 10.1002/ajpa.20950)

Jankauskas, R. (2012). Violence in the stone age from an eastern Baltic perspective. In Schulting and

Fibiger (2012), pp. 35–49.

Kant, I. (1795). *Zum ewigen Frieden.* (＝宇都宮芳明訳 1985『永遠平和のために』岩波文庫)

Keeley, L. H. (1996). *War before civilization.* Oxford University Press.

Kelly, R. C. (2000). *Warless societies and the origin of war.* Michigan, IL: The University of Michigan Press.

LeBlanc, S. with Register, K. E. (2003). *Constant battles: The myth of the peaceful, noble savage.* New York: St. Martin's Press.

Lillie. M. C. (2004). Fighting for your life? Violence at the late-Glacial to Holocene transition in Ukraine. In M. Roksandic (Ed.). *Violent interactions in the Mesolithic* (pp. 86–93). BAR International Series 1237, Archeopress.

Matsumoto N. (2011). Figurines, circular settlements and Jomon worldviews. In A. Cannon (Ed.) *Structured worlds: The archaeology of hunter-gatherer thought and action*, pp. 168–182. Sheffield, UK: Equinox.

Meiklejohn, C. (2009). Radiocarbon dating of Mesolithic human remains in Spain. *Mesolithic Miscellany* 20(2), 2–20.

Meiklejohn, C., Roksandic, M., Jackes, M., and Lubell, D. (2009). Radiocarbon dating of Mesolithic human remains in Portugal. *Mesolithic Miscellany* 20(1), 4–16.

Meiklejohn, C., Bosset, G., and Valentin, F. (2010). Radiocarbon dating of Mesolithic human remains in France. *Mesolithic Miscellany* 21(1), 10–56.

Meiklejohn, C., Chamberlain, A. T., and Schulting, R. J. (2011). Radiocarbon dating of Mesolithic human remains in Great Britain. *Mesolithic Miscellany* 21(2), 14–19.

Meiklejohn, C., Miller, R., and Toussaint, M. (2014). Radiocarbon dating of Mesolithic human remains in Belgium and Luxembourg. *Mesolithic Miscellany* 22(2), 10–39.

Meiklejohn, C., Niekus, M. J. L., and van der Plicht, J. (2015). Radiocarbon dating of Mesolithic human remains in Netherland. *Mesolithic Miscellany* 23(2), 3–48.

Meiklejohn, C. and Woodman, P. C. (2012). Radiocarbon dating of Mesolithic human remains in Ireland. *Mesolithic Miscellany* 22(1), 22–41.

Nakagawa, T., Nakao, H., Tamura, K., Arimatsu, Y., Matsumoto, N., and Matsugi, T. (2017). Violence and warfare in the prehistori Japan. *Letters on Evolutionary Behavioral Science* 8(1), 8–11. (doi: 10.5178/lebs.2017.55)

Nakao, H., Tamura, K., Arimatsu, Y., Nakagawa, T., Matsumoto, N., and Matsugi, T. (2016). Violence in the prehistoric period of Japan: The spatiotemporal pattern of skeletal evidence for violence in the Jomon period. *Biology Letters* 12, 20160028. (doi: 10.1098/rsbl.2016.0028)

Newell, R. R ., Constandse-Westermann, T. S., and Meiklejohn, C. (1979). The skeletal remains of Mesolithic man in Western Europe: An exhaustive catalogue. *Journal of Human Evolution* 8, 1–228.

Oakley, K. P., Campbell, B. G., and Molleson, T. I. (Eds.) (1977). *Catalogue of fossil hominids: Part 2 Europe*. London: British Museum.

O'Shea, J. and Zvelebil, M. (1984). Oleneostrovsky mogilnik: Reconstructing the social and economic organization of prehistoric foragers in northern Russia. *Journal of Anthropological Archaeology* 3, 1–40. (doi: 10.1016/0278-4165(84)90011-4)

Otterbain, K. F. (1999). A history of research on warfare in anthropology. *American Anthropologist* 101(4), 794–805. (doi: 10.1525/aa.1999.101.4.794)

Papathanasiou, A.（2012）. Evidence of trauma in Neolithic Greece. In Shulting and Fibiger（2012）, pp. 249–264.

Pinker S.（2011）. *The better angels of our nature: Why violence has declined*. New York, NY: Viking.（＝幾島幸子・塩原通緒訳 2015『暴力の人類史（上・下）』青土社）

Price, T. D.（1985）. Affluent foragers of Mesolithic southern Scandinavia. In T. D. Price. & J. A. Brown（Eds.）. *Prehistoric hunter-gatherers: The emergence of cultural complexity*（pp. 341–363）. Orlando: Academic Press.

Rousseau, J-J.（1755）. *Discours sur l'origine et les fondements de l'inégalité parmi les hommes.*（＝本田喜代治・平岡昇訳 1933『人間不平等起源論』岩波書店）

Rusch, H.（2014）. The evolutionary interplay of intergroup conflict and altruism in humans: A review of parochial altruism theory and prospects for its extension. *Proceedings of the Royal Society B* 281, 20141539.（doi: 10.1098/rspb.2014.1539）

Schulting, R. and Fibiger, L. Ed.（2012）. *Sticks, stones, and broken bones: Neolithic violence in a European perspective*. New York: Oxford University Press.

Schwitalla, A. W., Jones, T. L., Pilloud, M. A., Codding, B. F., and Wiberg, R. S.（2014）. Violence among foragers: The bioarchaeological record from central California. *Journal of Anthropological Archaeology* 33, 66–83.（doi: 10.1016/j.jaa.2013.11.004）

Smits, E.（2012）. Interpersonal violence in the late Mesolithic and middle Neolithic in the Netherlands. In Schulting and Fibiger（2012）, pp. 191–206.

Tooby, J. and Cosmides, L.（2010）. Groups in mind: The coalitional roots of war and morality. In Høgh-Oleson（ed.）*Human morality and sociality: Evolutionary and comparative perspectives*, pp. 191–234.

New York: Palgrave.

池田次郎 1981「日本の古人骨に関する文献（一九四五年～一九七九年）」『人類学雑誌』89(4)、505－514頁。

池田次郎 1986「日本の古人骨に関する文献（一九八〇年～一九八四年）」池田次郎教授停年退官記念事業会『池田次郎教授業績集』94(1)、35－72頁。

池田次郎・松村博文 1992「日本の古人骨に関する文献（一九八五年～一九八九年）」『人類学雑誌』100(3)、359-383頁。

池田次郎・中橋孝博 2001a「日本の古人骨に関する文献（一九九〇年～一九九四年）付・補遺（一九四五年～一九八九年）」*Anthropological Science*（*Japanese Series*）、108(2)、101－131頁。

池田次郎・中橋孝博 2001b「日本の古人骨に関する文献（一九九五年～二〇〇〇年）付・補遺（一九四五年～一九八九年）」*Anthropological Science*（*Japanese Series*）、109(1)、9－42頁。

内野那奈 2013「受傷人骨からみた縄文の争い」『立命館文學』633、472－458頁。

九州大学医学部解剖学第二講座 1988『日本民俗・文化の生成 2 九州大学医学部解剖学第二講座所蔵古人骨資料集成』。

佐原真 1999「日本・世界の戦争の起源」福井勝義・春成秀爾編『人類にとって戦いとは (1) 戦いの進化と国家の生成』東洋書林、58－100頁。

中川朋美・中尾央 投稿中「人骨から見た暴力と戦争：国外での議論を中心に」。

中橋孝博 2015『倭人への道：人骨の謎を追って』吉川弘文館。

奈良文化財研究所 2016「全国遺跡報告総覧」（Last Accessed: 2016/11/27. URL: http://sitereports.nabunken.go.jp/ja）。

奈良貴史・佐伯史子・萩原康雄・澤田純明 2016a「日本の古人骨に関する文献（二〇〇一年〜二〇〇五年）」*Anthropological Science*（*Japanese Series*）、124(1)、19-47頁。
奈良貴史・佐伯史子・萩原康雄・澤田純明 2016b「日本の古人骨に関する文献（二〇〇一年〜二〇〇五年）」*Anthropological Science*（*Japanese Series*）、124(2)、93-148頁。
橋口達也 2007『弥生時代の戦い：戦いの実態と権力機構の生成』雄山閣。
藤原哲 2004「弥生時代の戦闘戦術」『日本考古学』18、37-52頁。
藤原哲 2011「弥生社会における環濠集落の成立」『総研大文化科学研究』7、59-81頁。
藤原宏志 1998『稲作の起源を探る』岩波新書。
松木武彦 2006『日本列島の戦争と初期国家形成』東京大学出版会。
山田康弘 2006「人骨出土例からみた縄文時代墓制の概要」『縄文時代』17、73-192頁。

第5章

考古学は進化学から何を学んだか？

三中信宏

「考古学的研究における直接基礎的の方法たる層位学的研究を試むる能わざる場合において、吾人の用ゆる方法の一は型式学的方法（typological method）なり。これは人類の製作品は生物界の現象と同じく、一の型式（type）は必ずや古き型式より変化し来れるものにして、年月と共に単簡自然的のものより、複雑人為的のものとなるという進化論的原則より出発するものなり。この方法により吾人は一の型式と他の型式との先後を相対的に推定することを得。」

（濱田耕作 1922［2016］: 184）

5・1　文化系統学曼荼羅再訪——ロジックとグラフィックのはざまで

『文化系統学への招待：文化の進化パターンを探る』（中尾・三中 2012）を出版してからもう五年になる。さまざまな文化構築物（言語・写本・遺物・様式・民俗など）が時空的にどのような変遷を遂げてきたのかを因果過程と歴史復元の両面にわたって考察する文化進化学・文化系統学は、一方では生物進化学の自然淘汰や共進化の理論との密接な連携を保ちつつ（Messoudi 2011; Nun 2011）、他方では生物系統学の系統推定手法を積極的に取り込んできた（O'Brien and Lyman 2003a, 2003b; Lipo *et al.* 2005; Mace *et al.* 2005; Straffon 2016）。

さらに、このような研究分野間のつながりを通して、個別の学問領域を横断的にまたぐ、より包括的な歴史科学（仮に「文化進化系統学」と呼ぶことにしよう）への帰属ないし連帯の意識が研究者コミュニティの間でしだいに醸成されてきたことも書き記しておきたい。ここに図

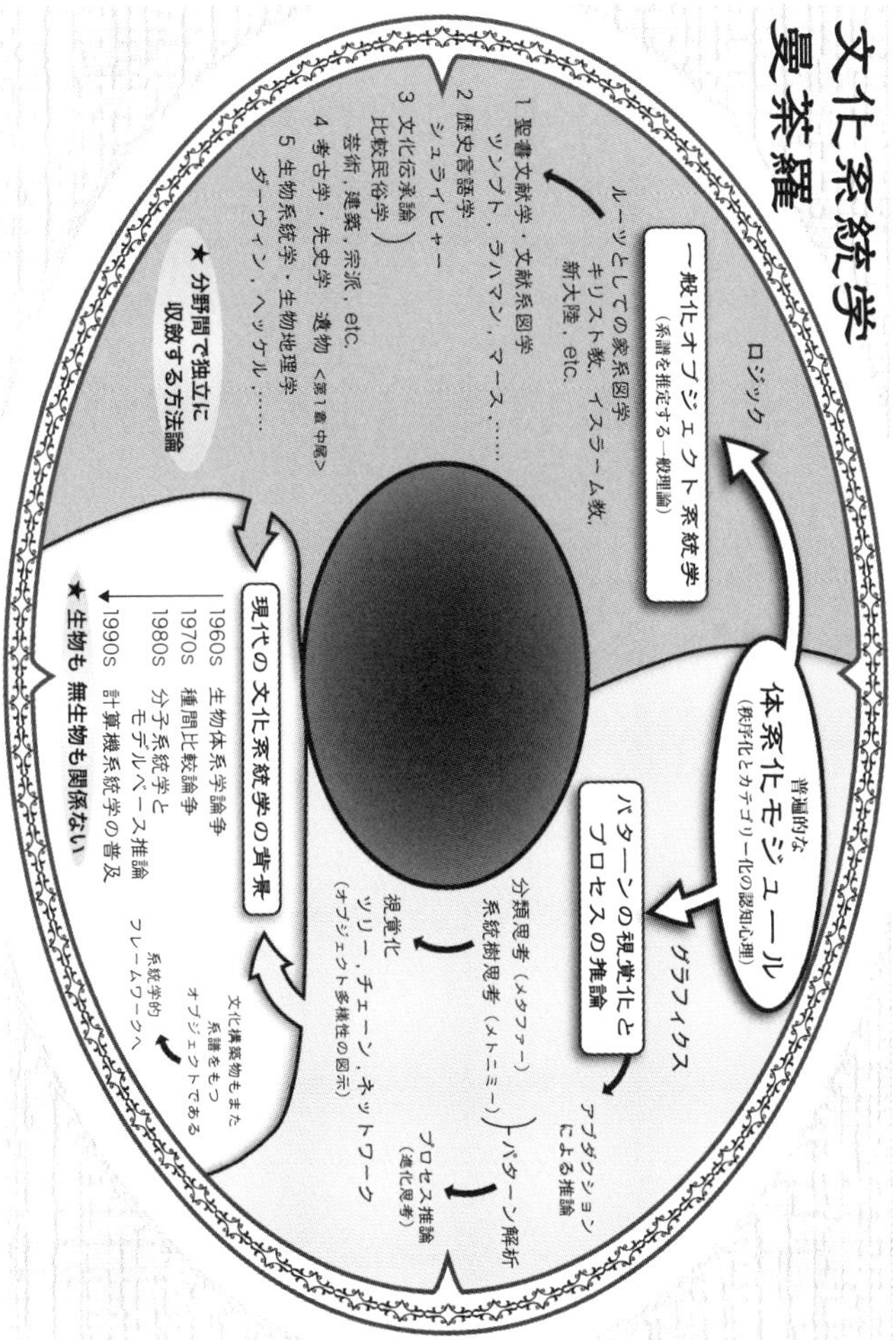

図5-1　文化系統学曼荼羅（三中 2012c: 212-213）一部改変

5－1として再録した『文化系統学への招待』巻末の「文化系統学曼荼羅」（三中 2012c）は、この文化進化系統学が現在に至るまでたどってきた道筋とそれを取り巻く文脈の変遷を描いたものである。

　文化系統学曼荼羅の左半分に示されている「一般化オブジェクト系統学」は、この分野の歴史を振り返るならば、異なる諸分野で繰り返し〝再発見〟されてきたロジックである。たとえば、写本系図学や歴史言語学において最節約法（分岐学）に基づく系統推定法が、生物系統学と並行して独立に〝再発見〟されてきた事例をまず挙げるべきだろう（三中 1997, 2005, 2014）。写本の転写過誤や言語の音韻変化が伝承される過程でさらなる変異を遂げるという因果プロセスが仮定できるとき、現存する子孫写本や子孫言語の情報に基づいて祖本や祖語を推定することが原理的に可能である（Minaka 2016, 2017）。そして、それらの形質状態変化の総数を最小化するという最節約基準を置けば、生物のみならず言語や写本の系統関係を共通の最節約法によって推定できる。私が想定している一般化オブジェクト系統学は、この「アブダクション」（Sober 1988, 2015; 三中 2012a, 2012b, 2017）による推論様式を一般的な歴史復元のロジックとみなしている。

　なかでも、生物系統学との関わりを近年強めてきた歴史言語学では、生物分子系統学のさまざまな統計モデルを言語系統推定に利用しつつある（Atkinson and Gray 2005; Forster and Renfrew 2006; Fangerau *et al.* 2013; Kikusawa and Reid 2017）。当然予想されるように、生物と言語ではその時空的変化を担う因果過程に違いがあるのだから、共通の系統推定法をそのまま適用するのはまちがっているのではないかという批判も実際に提起されている（Pereltsvaig and Lewis 2015）。しかし、共通のロジックを適用することと個別の条件設定を調整することは別の問題である。たとえ同じ生物であっても、有性生殖をするかしないかどうか、交雑が起こりやすいかどうか、共生進化があるかどうかは場合によって大きく異なり、それに応じて系統推定を実行するときの前提条件やモデル設定は大きく変わる可能性がある。それを考えるならば、オブジェクト間の違いは歴史の推定や探究にとっては実は深刻ではないと結論しても問題ないだろう。むしろ、オブジェクトのもつ性質の違いを考慮した系統樹の推定や進化の考察を適切に行っているかどうかのほうがはるかに重要である。考古学や先史学においても、まったく同様に、遺物など文化構築物の系統や変遷を研究する際には、共通の総論としてのロジックと個別の各論としてのオブジェクト特性とは分けて議論する必要があるだろう。

一方、文化系統学曼荼羅の右半分にはオブジェクト多様性の可視化とそのグラフィック・ツール（チェイン、ツリー、ネットワーク）のもつ普遍性が呈示されている。われわれ人間が獲得した知識や知見を適切な可視化を通して体系化することは、複雑なオブジェクトに関する全体的な理解を進める上で有用であるだけでなく、同時代の他者あるいは後世に知識体系を伝承する上でも必要な技法だった。何世紀にもわたって試行錯誤を積み重ねてきた多様性の可視化が現代のインフォグラフィクスに連なることは、学問分野を超えた大きな知的系譜として認識されつつある（Lima 2011, 2014, 2017; 三中・杉山 2012, 2014）。さまざまなオブジェクトの分類的類似性（三中 2009）や系統的類縁性（三中 2006）が〝見える〟そして〝読める〟ことは、それらのパターンの背後にある因果的なプロセスをアブダクションによって推論する出発点となる（三中 2010a）。文化進化系統学における多様性パターンの可視化のあり方ももちろんこの文脈の中で議論できるだろう（三中 2010b, 2017; Minaka 2016, 2017）。

文化進化系統学の研究対象となりうるオブジェクトは広範である。考古学や先史学にかぎってみても、遺物や遺跡のように〝物質的〟な文化構築物もあれば（O'Brien and Lyman 2003a, b; 安達 2016）、宗教・民族・様式のように〝非物質的〟な文化構築物もあるだろう（Fletcher 1896; Kubler 1962; Steadman 2008; 中谷 2012）。本書では、考古学的な文化構築物のなかでも〝物質的〟な土器や古墳の形状の事例が多くとりあげられている。そこで、以下の節では、考古学における形態を進化的あるいは系統学的に考察したバシュフォード・ディーン、オスカル・モンテリウス、ディヴィッド・ケンドール、そしてナイルズ・エルドレッジの四名の研究者に焦点をあてて論じることにする。それを通じて、考古学における〝かたち〟の問題が生物学の形態学とどのように関わるかを考察したい。

5・2　バシュフォード・ディーンの考古学的系統ダイアグラム

文化進化系統学の歴史を一世紀前まで遡ると、バシュフォード・ディーンという特異な経歴をもつ考古学者と遭遇する。アメリカのメトロポリタン美術館考古学部門で武器や武具の大きなコレクションをつくったディーンは、同じマンハッタンにあるアメリカ自然史博物館の魚類分類学キュレーターの地位にもあった。一九世紀末から二〇世紀初頭の生物進化学に通じていたディーンは、武器や武具の時代的な形状変遷をたどるにあたって、当時の考古学としては画期的な系統樹ダイアグラムをもちいた可視化を行った（Lyman and O'Brien 2006）。

その一例として、ディーンがもっとも関心を寄せた考古学資料である武具の形状に関する時代変遷をとりあげよう（Dean 1915）。この短い論考の中で、ディーンは出土した遺物の名前をつける「ラベリング」に着目した。彼は遺物の一つひとつに名前（ラベル）をつけて区別することは、考古学の専門研究だけでなく、一般に公開される博物館展示にとっても実用上きわめて重要な作業であるとし、ラベリングは体系的に行うべきだろうという見解を提示する。

「一般論として、想像される以上に、展示を見に来るビジターは多くの展示物がある理由を知りたいのだと私は考えるようになった。それらの展示物がばらばらなままだと混乱してしまうが、ある〝秩序（plan）〟にしたがってたがいに結びついていることが理解できればビジターは満足するだろう。異なる種類や様式は変化を遂げて移行し、あるものから別のものが生み出されるという漠然とした進化的な（in a vaguely evolutional way）理解が得られるだろう。（Dean 1915: 173）

ディーンは、おびただしい数の展示物の多様性をビジターに体系的に理解させるようなラベリングが求められていると指摘し、そのためには〝進化的〟な可視化が効果的だろうと主張する。ここでいう〝進化的〟な可視化とは「文化系統樹」にほかならない。この論文で彼が描いた兜（helmet）の〝系統樹〟を図5－2に示す。

「兜：その種類と時代変遷」と題されたこのダイアグラムは、紀元六〇〇年から一六〇〇年の千年にわたる兜の形状変遷をたどった〝系統樹〟である。最初期の単純な帽子状構造をもつ兜（図5－2のダイアグラムの根元にある「spangenhelm」）を〝祖先〟として、時代を経るとともにより複雑な形状へと変わっていくようすが直線的変遷と分岐多様化の組合せとして視覚化されている。それぞれの兜の名前（ラベル）だけでは形態的な多様性を把握することは難しいだろうが、系統樹ダイアグラムとして変遷の過程を図示し、時代ごとの兜どうしを〝進化的〟に結びつけることにより、全体としての体系的な理解が深まるとディーンは考えた。

ディーンによる系統樹ダイアグラムをもちいたもう一つの例を挙げよう。図5－3は馬に乗

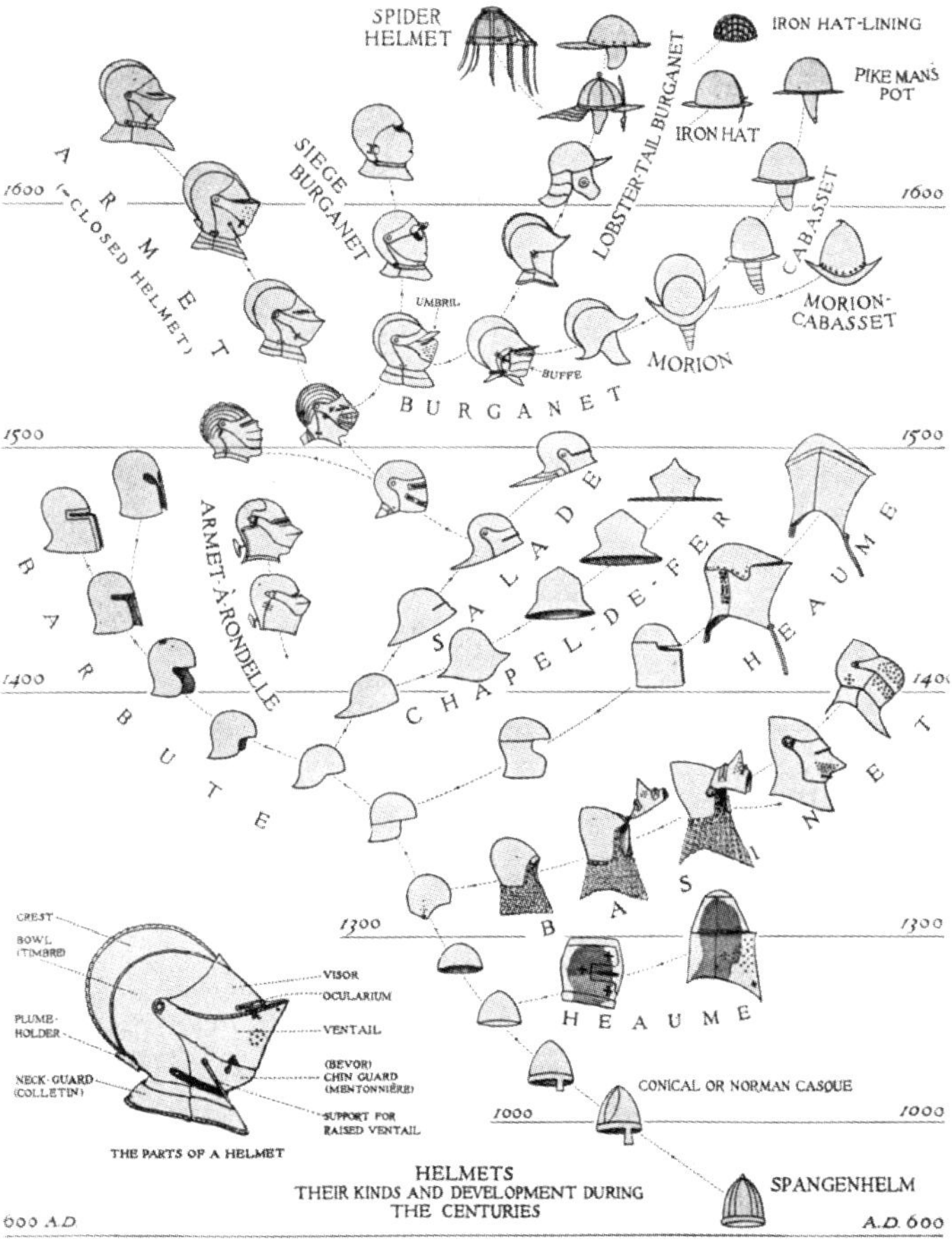

図 5-2　兜の時代的変遷を図示する系統樹ダイアグラム（Dean 1915: 175）

るときの靴のかかとに装着された「拍車（spur）」に関する紀元前二〇〇年から一八〇〇年代までの時代変遷を可視化している。最も原始的な〝祖先〟では単に短い「突起」が尖状に突き出ているだけだったが、時代が下るとともに回転する「拍車」へと〝進化〟し、その形状も高度に複雑化していくようすがわかる。

これらの例から推測されるように、ディーンは考古学の遺物の多様性と変遷を図示するツールとして系統樹ダイアグラムを繰り返し利用した。生物学者でもあったディーンは文化構築物の〝進化〟と動植物の進化との違いをはっきり認識していたことに注目しよう。ある脚注の中で彼はこう記している。

「厳密に言えば考古学的な遺物と生物とを同列には扱えないことはもちろんである。なぜなら、生物は親から子への遺伝を通じて変化が生じるのに対し、遺物の〝進化〟とは様式の系列にすぎないからである。しかし、遺物の変遷系列は生物進化とそっくりであり、場合によっては進化そのものと言っても過言ではない。それらの遺物は何世代にもわたる同族の工人たちの頭脳と手腕によってつくり出されてきたからだ。つまり、ある生きものがつくった生産物を親から子への継承の観点から考えるならば、真の進化によるものと誰もが認める生物の分泌腺による構築物と変わりがないではないか。」（Dean 1915: 173, n. 1）

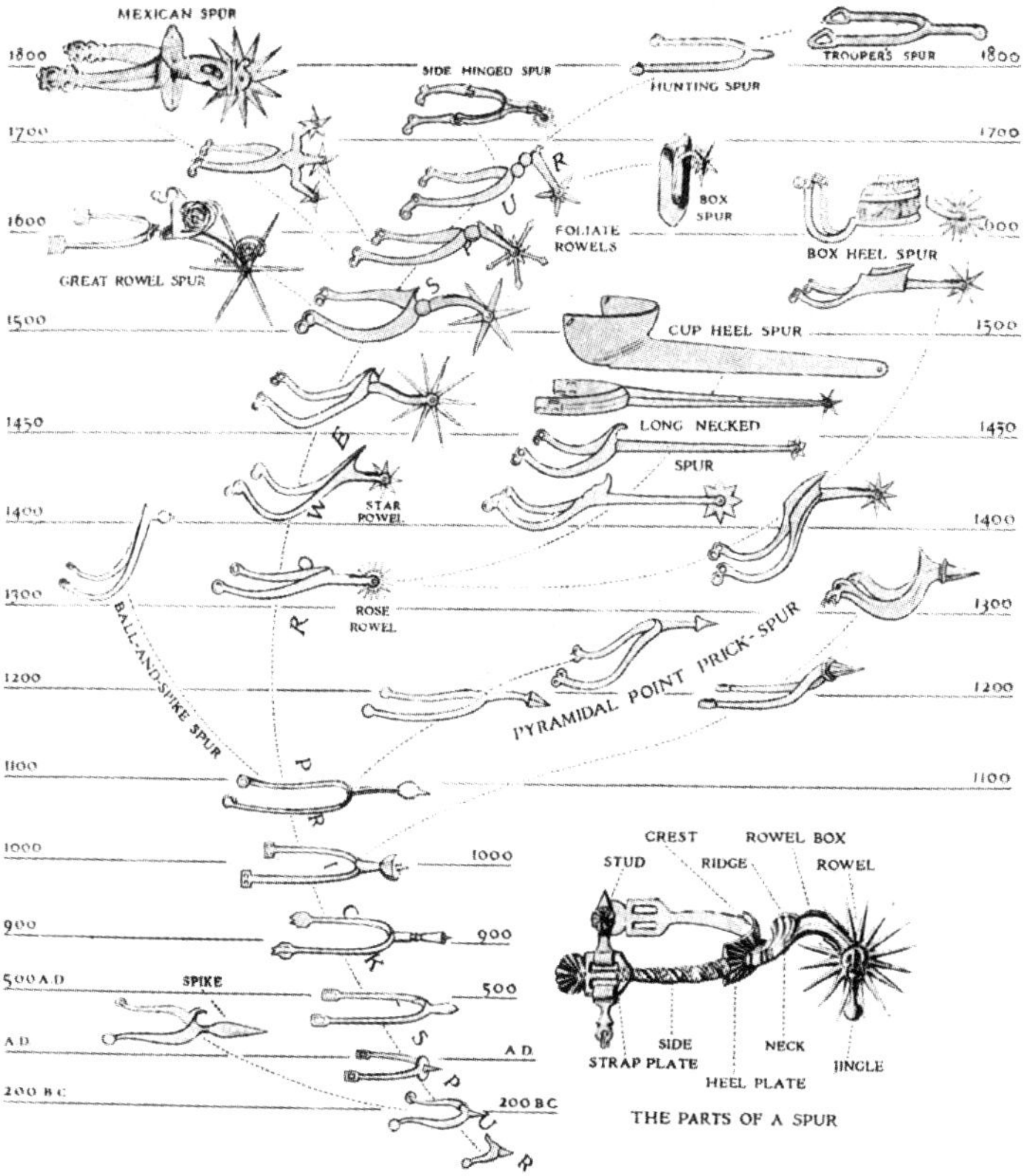

図5-3　拍車の時代的変遷を図示する系統樹ダイアグラム（Dean 1916: 219）

二〇世紀初頭に考古学と生物学をまたいで活躍したディーンのこの主張は、後年、リチャード・ドーキンスが提唱することになる「延長された表現型（extended phenotype）」（Dawkins 1982; Turner 2000）の概念と事実上ほとんど違いがない。ディーンは樹形ダイアグラムをもちいた可視化が、遺物の多様性を理解する有用な「知識の樹（arbor scientiae）」（Lima 2014）であることを一方では認めつつ、その背後にある文化進化と生物進化との〝並行性〟を他方では正しく指摘した。

時空的な変遷過程の解明をめざすという目標を共有する考古学と生物学が、たがいに影響を受け、さまざまな学問的な刺激や着想をやりとりしてきたことは想像に難くない。たとえば、「型式（type）」という概念は文化史考古学の根本概念の一つである。ディーンからさらに数十年を遡った一九世紀後半の北欧考古学における「型式学（typology）」は同時代の進化生物学から何を吸収して成立したのだろうか。次節では物質としての「かたち（形態）」の情報に基づく分類単位である型式に光をあてよう。

5・3　オスカル・モンテリウスの型式学と比較形態学

本節では考古学における「型式学（Typologie）」の歴史的背景について考えてみたい。ボー・グレスルント（Gräslund 1987）は、現在なお継承されているこの型式学の理論体系を確立したハンス・ヒルデブラントやオスカル・モンテリウスを輩出した一九世紀スウェーデン考古学界の時代的ならびに学問的背景についてくわしく議論している。型式学はチャールズ・ダーウィンの生物進化学説をよりどころとして定式化されたとされている。たとえば、角田文衛（1932）は次のように述べる。

「まず心にとめておかねばならぬのは、一八七〇年代に至って怒涛のように欧米学界を席捲しつつあった進化論のことである。一八五九年、ダーウィンによって提唱された進化論は、六〇年代においてあらゆる反論を克服し、学界——教界ではない——に圧倒的な承認を確保するに至っていた。若いモンテリウスや彼の学友たちも、その新学説に傾倒し、それぞれの立場から自らの研究にそれを採り入れようと苦慮していた。モンテリウスは、生物学上の新理論を遺物研究の原理に転用することを思いつき、型式学的方法を案出したのであった。」（角田 1932: 166）

もしヒルデブラントやモンテリウスが同時代のダーウィン進化学に影響されて型式学を確立したのであれば、彼らが生物学からどのようなインスピレーションを受け、いかなる内容を取り込んで型式学の理論構築を行ったかについてくわしく検討する必要があるだろう（Åberg 1943; Sørensen 1997; Riede 2006, 2011）。モンテリウスが定式化した型式学（Montelius 1899, 1903a, b）については、濱田耕作による日本語訳（モンテリウス『考古學研究法』）が出ている。以下に生物進化学に関連する部分を取り上げよう。

まず、モンテリウスは考古学における編年の重要性を指摘する。

「有史以前に關する正確なる年代を得る爲には多くの材料（ein grosses Material）と善き方法（eine gute Methode）を持たねばならない」（Montelius 1903a, 訳書3頁）

ここでいう「善き方法」について彼は次のように説明する。

「有史以前の年代の知識は、或一國に於ける唯だ或一時期の時代的配置が決められたばかりではなく、その國に對する全體の時期が年代學的に取扱はれる時に、ずっと正確になるのである。斯くて各部分々々が補助し合ふ年代學の体系（System）が得られるのである。巧みに加工され、藝術的に組合はされた一建築物の石材は、それがバラバラに轉がってゐる時とは全く其の意味が違ってゐるのである」（同4頁）

つまり、モンテリウスは、多くの遺物を年代学的に編年することにより全体としての体系化をもくろんでいることがわかる。「複数の部分を組合せて一つの全体として体系化する」という彼の考え方は実は生物体系学の基本でもある（三中 2017）。分岐学（cladistics）の基礎を築いた昆虫学者ウィリ・ヘニックは次のようなたとえ話によって、この理念を説明する。

「考古学者がある墓陵の埋葬品の中からうつわのかけらを見つけたとしよう。このとき、まず彼はそれらのかけらを何らかの規準にしたがって――材質（土か金属か）・色彩・文様様式などに着目して――整理する（ordnen）すなわち〝分類する〟（klassifizieren）することができるだろう。しかし、彼は一方でそれらのかけらから、もとの器（壺あるいは甕）を復元（rekonstruieren）することもできるだろう。この復元するという作業もまたある秩序の再建（Herstellung einer Ordnung）にほかならない。けれども、こうして復元された秩序を〝分類〟（Klassifikation）と呼ぶべきかは疑問である。もう一つの例として、ヨーロッパの河川の分類を考えよう。船舶が航行できるかとか水域管理の方法とか流域での生物の生息条件などによって、河川を分類することはできる。しかし、それらの河川がどの水系（Flußsystem）――ドナウ川、ライン川、エルベ川など――に属しているかを調べることも可能だろう。」（Hennig 1974: 281）

土器の破片を分類することと、それらの破片からもとの土器を復元することとは根本的に異なる作業であるとヘニックはみなす。前者は部分の「分類」にすぎないが、後者は一つの「体系」という全体を復元することである。特定の基準によって部分をさまざまなやり方で分類することはもちろん可能であっても、それらの部分が構成する系統学的な「体系」は一意的であるとヘニックは言いたかったのだろう。

「同様に考えるならば、系統体系学（phylogenetische Systematik）の原理にしたがって系統樹（Stammbaum）を構築することもまた復元作業であり、系統体系学によって得られた生物種の秩序は分類とは原理的に大きく異なる。」（Hennig 1974: 281–282）

ヘニックは、破片から土器を丸ごと復元し、幾筋もの河川から水系全体を構築するように、個々の種から推定された系統樹もまた一つの「体系」にほかならないとみなし、このような唯一の地位を占める系統的体系は他のすべての人為的かつ実用的な分類体系の上位に位置する特別な分類体系であるという意味をこめて、「一般参照体系（allgemeines Bezugssystem）」（Hennig 1950: 10, 1982: 14–15）と呼んだ。

続いて、モンテリウスは年代学的な体系化に必要な要件を二つ挙げている。

「相對的年代を確定する爲には、次の事項を決めなければならない。
一、如何なる型式（Typus）が同時代のものであるか、卽ち同一時期から出てゐるか。

「二、如何なる順序（Ordnung）で各時期が續き合つてゐるか。」（Montelius 1903a, 訳書5頁）

二つめの「順序（Ordnung）」とは部分から全体への体系化を指しているのだろうからその意味ははっきりしているが、一つめの「型式（Typus）」が何を言わんとしているのかはそれほど明瞭ではない。モンテリウス自身は次のように説明する。

「年代的研究には發見物《フンド》といふことの意味を理解することが是非必要である。併しこれに劣らず肝要なことは型式《チプス》（Typus）とは如何なるものであるかと云ふことと、相互に酷似してゐる場合にも、その一々の型式を見わけ得ることとである。かくする爲には常に本質的なもの（das Wesentliche）を觀察する様にしなければならない。各々の型式には如何なる特徵があるかを確實に判斷し得なければならない。」（Montelius 1903a, 訳書20‐21頁）

それぞれの型式には「本質的なもの」があるというモンテリウスの見解は、生物の「種（Art［独］、species［英］）」の概念を踏まえているようだ。

「考古學者に取っては、自然科學者が個々の「種《アルト》」を他のものから區別することを理解しなければならない様に、一の型式を他のものから正しく區別し得ることが洵に必要である。」

（Montelius 1903a, 訳書20頁）

この引用文を読むかぎり、彼は考古学における「型式」は生物学における「種」に対応するものであるとみなしているようだ（Gräslund 1987: 103-104）。そして、この対応づけは、型式学の「型式」は、ダーウィン進化学ではなく、むしろそれに先行する前進化論時代の種概念に求められるのではないかという推測をもたらす。なぜなら、一九世紀当時の生物学における種概念は、二〇世紀半ば以降に広まった「生物学的種概念（biological species concept: Mayr 1942）」と対置される本質主義的な「類型学的種概念（typological species concept: Mayr 1982）」とみなされてきたからである（Chung 2003）。考古学の類型学と生物学の類型学はまったく同一の言葉「Typologie［typology］」なのでいささか紛らわしいが、両者が概念的にどれほど関係をもつのかそれとももたないのかは注意深く検討する必要があるだろう。なお、グレスルント（Gräslund 1987: 98）は、ヒルデブラントが一八七〇年代はじめに「型式学」という言葉を造語したとき、彼は生物の「種」に関する理論を念頭においていた傍証があると指摘している。

型式の定義と内容はさておき、「型式学とは何か」についてのモンテリウスの定義は明快である。

「けれども、このような状況で発見物とその時期の相対的年代を決めることはまずできない。しかし、幸いなことに、ほとんどすべての場合に、時期の前後関係を決定するのに用いることができるもう一つの方法がある。その方法は「型式学的（typologische）」な方法である。武器・道具・装飾品・容器ならびにそれらの紋様に基づいて最も確実な組列（Serien）を自力で検証すれば、進化（Entwicklung）――すなわち系譜（Genealogie）――の過程を知ることができ、固有の基準にしたがって型式をどのような順序（Ordnung）で並べればよいかがわかる。この型式学的方法を用いて、私は数多くの型式の組列（Typenserien）を手に入れることができたが、それらは相異なる形態（Formen）の内的特徴に基づいて構築されたものである。」

(Montelius 1903b: 15–16)

モンテリウスが挙げた例の一つとしてイタリアから出土した留め針の組列を示そう（図5‐4）。青銅器時代に始まり、時代を下るにしたがってこれらの留め針が示す形状（渦巻きや針受けなど）の遷移段階を組列として体系化されている。まさに比較形態学がここでは実践されていることがわかる。

生物のもつ外部形態や内部形態に関する比較解剖学は何世紀にもおよぶ歴史がある。たとえば、「相同性（homology）」という形態学の根本概念一つをとっても、生物進化という考えが広まる前から部分と部分の対応関係を示す用語として定着していた（de Beer 1971）。生物の「型

（type）」あるいは「原型（archetype）」もまた前進化論時代から使われて続けてきた（倉谷 2016, 2017）。

ヒルデブラントやモンテリウスがどのような経緯で同時代の進化学を吸収したのかはとても興味深い点である。少なくともモンテリウスに関してはドイツの著名な進化学者エルンスト・ヘッケルとの間で書簡をやり取りしていたことがわかっている（Olsson and Hoßfeld 2003; Hoßfeld und Breidbach 2005）。おそら

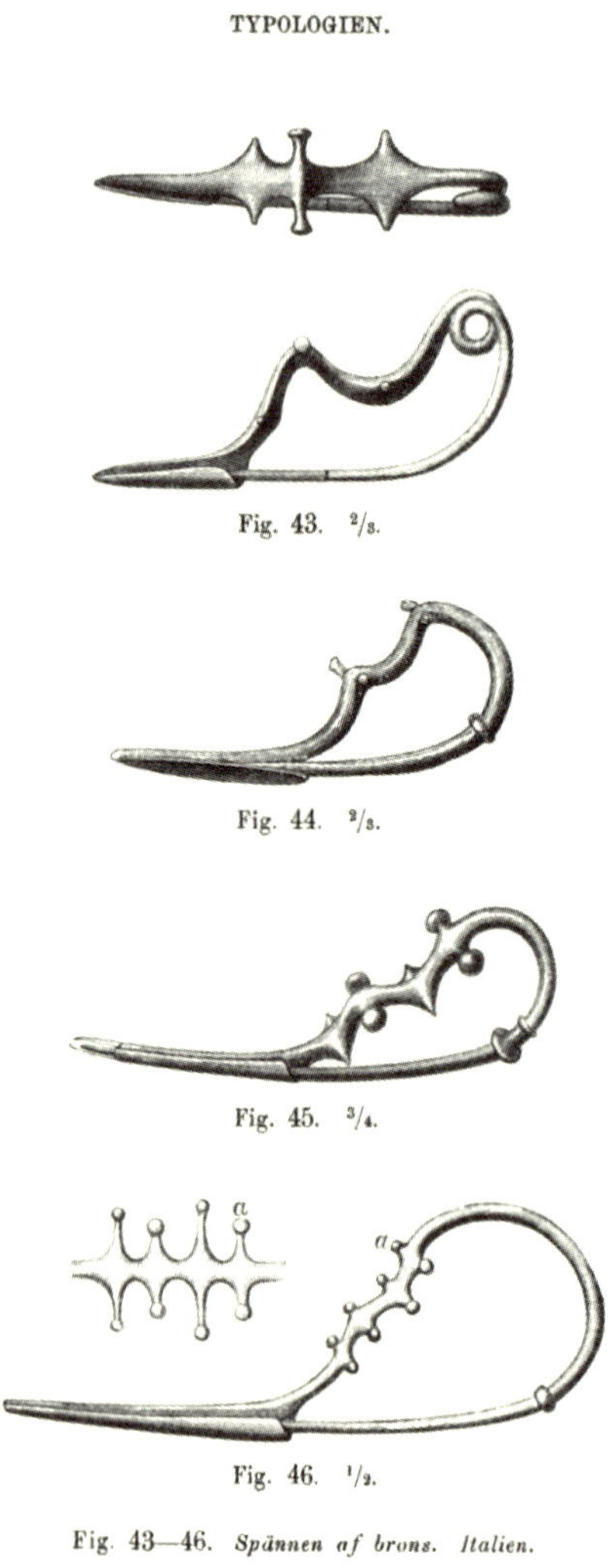

図 5-4　イタリアの留め針の組列。（Montelius 1899: 251, figs. 43-46）

く彼ら北欧の考古学者たちは学問的にも地理的にも最も近いドイツから当時最先端の進化学を吸収しただけではなく、生物の形態学や体系学に関する影響も少なからずあっただろう。そこには必ずしも進化論的な理念や思考だけではなく、前進化論的な観念論形態学（Naef 1919; Remane 1956）も混じっていたのではないだろうか。たとえば、モンテリウスは、型式学的な組列を復元する際に、もっとも基本となる「原型」を推定する方法について次のように論じている。

「多くの場合、形状としての単純さと自然さ、あるいはすぐ目につく特徴により、最も古いことがわかるかたち（form）がある。そのかたちを原型（prototyp）として第二のかたちが進化（utvecklat）する。組列の最も新しいかたちがとても単純に見えることがあるかもしれない。しかし、よく調べてみれば、それはみかけだけの単純さであって、最も古いかたちの特徴となる祖型（ursprunglig）とは異なる」（Montelius 1899: 264）

このように、モンテリウスの「型式」と「型式学」は同時代の進化思想にインスピレーションを得て成立したことはまちがいないだろうが、それとともに必ずしもダーウィン的ではない比較形態学のより古い観念論の伝統をも吸収してきたことが推測される。

5・4 文化構築物形態の数理と統計学——もう一つの並行性

形態（生物でも無生物でも）の差異と多様性を観察して得られた知見を体系化することは、その結果を〝進化的〟に解釈するかどうかとはまったく関係なく、学問分野を問わず常に生じる問題である（三中 2017）。考古学における〝発見物〟の形状を比較し分類するときも、私たちは分野を超えた普遍的な〝分類者〟としての視点を堅持しているといえる。出土した遺物の形状分析に関心をもつ考古学者たちが、生物学における生きものの形状分析の理論と方法に注目するのはしごく当然のことだろう。対象物として遺物と生物では大きな違いがあるが、一般化された〝かたち〟という点では両者には何の違いもないからである。

マイケル・オブライエンら（O'Brien *et al.* 2005）は、アメリカにおける文化史考古学からプロセス考古学そしてポスト・プロセス考古学への推移を歴史的にたどった著作のなかで、「人造物分類問題（the artifact classification problem）」に言及し、前世紀の類型学的な考え方がどのように継承されたかについてこう述べている。

「多くの考古学者が問いかける疑問点は、出土した道具をつくったかつての職人たちがどのようにものを考えていたのかをわれわれは知ることができるのかという点である。

（中略）先史時代の〝心的鋳型（mental templates）〟を発見することは、文化史考古学者にとっては編年に比べれば重要度の低い仕事かもしれなかった。しかし、心的鋳型が文化構築物の型式の背後にあるという可能性は、構築物の型式が分析上の（外的（etic）な）単位なのか、それとも民族学的に実在する（内的（emic）な）単位なのかをめぐって大きな混乱を引き起こした。」（O'Brien *et al.* 2005: 17）

考古学における人造物の〝集合〟が実在するのかしないのかをめぐるこの論議は、生物学で長年にわたって戦わされてきた「種問題（the species problem）」――種は実在するか否か――を髣髴とさせる（Ghiselin 1997; Hey 2001; Wilkins 2009a, b）。生物と人造物の対象物としての違いを超えて、グルーピングと体系化はもっと一般的なレベルで共通の存在論的および認識論的問題群として理解されるべきだろう。とりわけ、形態学的な比較に関して言えば、分野を超えて共通する認識問題あるいは推論問題があるように思われる。

同時に分野間の違いにも注意すべきである。その一つに、オブライエンらが指摘する形状の相同性認識問題がある。彼らは、二〇世紀中盤の考古学が遺物形状の相同と相似（analogy）の判別基準をつくれなかった点を指摘する。

「相同的類似性と相似的類似性とを区別する方法が構築できなかった理由は、文化進化理論のできがいまひとつだったせいで考古学的人造物にあてはめられなかったからだ。考古学の記録から進化史を導こうとする初期の研究では、たとえば『ある人造物の型式は別の型式の子孫である』というようなものの言い方をしていたが、ここでいう遺伝的な類縁性は比喩的な意味しかもちえない。」（O'Brien *et al.* 2005: 18）

生物と非生物の形状の〝変遷〟をたどるのであれば、比較形態学的な分析を通して、何らかの対象物間の関係性を系統樹のようなダイアグラムによって示すことは不可能ではない。しかし、その関係性を生み出した因果を探るとなれば、生物と非生物の変化を担う実体に関する存在論の違いが表面化するだろう。すでに述べたように、総論として共通して論じられることと各論として個別に論じられることを明示的に切り分ける必要がある。

〝かたち〟の比較に関して、本書には形態測定学（morphometrics）をもちいた土器の二次元形状や古墳の三次元形状の解析例が所収されている。形態測定学のルーツはもともと生物形態の計測法だが、数学と統計学さらにはコンピュータ科学の重なり合う領域で発展してきた（三中 1999; Bookstein 2014 参照）。ロバート・ダネルは著書『先史学における体系学（*Systematics in Prehistory*）』（Dunnell 1971）において、先史学・考古学における分類問題に正面から取り組み、一般論としての体系学の理念から始まり、型式の範型的分類（paradigmatic classification）や編年における組列化（seriation）などの各論へと考察を進めた。一九七〇年代はじめといえば数量表形学（numerical phenetics）の全盛期であり、ダネルの本にもクラスター分析など多変量解析の手法が登場する。そして、形態測定学の考古学への適用が模索され始めたのもほかならない一九七〇年代初頭だった。

一九七〇年、旧・ルーマニア社会主義共和国の黒海沿岸にあるママイアにおいて、イギリスのロンドン王立協会とルーマニア科学アカデミーの共催による国際シンポジウム〈考古学ならびに歴史科学における数学（Mathematics in the Archaeological and Historical Sciences）〉が開催された。翌一九七一年にエディンバラ大学出版局から出た論文集（Hodson *et al.* 1971）を見ると、「分類学」「多次元尺度法と関連手法」「組列化」「歴史学などにおける系統樹構造」「モデルの使用」などのセッションに分けられており、このシンポジウムが考古学だけでなく写本系図学から集団遺伝学までを含む幅広いテーマで議論されたことがわかる。

この論文集の編者の一人だったディヴィッド・ケンドールは考古学の遺跡分布データの組列化に関する論文を寄稿している（Kendall 1971）。平面上の二次元座標のパターン化のための数学理論を構築しようとしたケンドールは、のちに幾何学的形態測定学の基礎理論となるケンドール形状空間（Kendall's shape space）の多様体理論を構築する（Kendall *et al.* 1999）。生物学では人類学者フレッド・ブックスタインが薄板スプライン関数を用いた形態の変異と変形に関する手法を並行して構築した時代と重なる（Bookstein 1978, 1991）。ケンドールが非ユークリッド空間であるケンドール形状空間における非線形数学を展開したのに対し、ブックスタインはその接空間における近似的な線形数学(線形統計学)を利用していたことがのちにわかった。幾何学的形態測定学の理論史(三中 1999)をたどるとき、生物学と考古学は実は密接な関係にあった。

5・5 普遍的な文化体系学をめざして

考古学における型式学的方法の旗振りをするモンテリウスはときにとても雄弁だった。「型式学すなわち人類による構築物の進化論(Typologien eller utvecklingsläran tillämpad på det menskliga arbetet)」と題する長文の論考の末尾で彼はこう述べる。

「この型式学的方法についてナチュラリストたちの会合で講演したいと私が望むのは、その方法が考古学者たちにとって重要であるからではなく、一般論として考古学者と同一の方法を使っていることがわかればナチュラリストにとっても関心があるだろうからだ。膨大な証拠を集め、それらをひと目でわかるように体系化するという点で、そして進化論(utvecklingsläran)に関して、われわれは紛れもなくダーウィニアンの観点(en rent darwinistisk ståndpunkt)に立っている。自然界に見られる形態(formens)や種(artens)が別のものに進化することは以前から知られていた。しかし、ようやく近年になって、人類による構築物(det menskliga arbetets)もまたきわめてよく似た進化(alldeles liknande utveckling）を遂げることがわかってきた。このことはナチュラリストにとってさらなる興味を惹くだろう。われわれ人間自身が自然物と同様に研究の対象となるからである。」（Montelius 1899: 267-268; Rundkvist 2009 参照）

自然物と人工物が同じように〝進化〟するというモンテリウスの見解は当然のことながら拙速すぎるという批判を浴びることになる。北欧の考古学の歴史をたどったグレスルントは、この点に関してはモンテリウスを容赦なく切り捨てている（Gräslund 1987）。

「モンテリウスは〝型式学的〟方法の構築を積極的に手がけたわけではない。彼がダーウィンを口にするようになったのは後年のことであり、その回数も少ないし、真意もはっきりしない。ヒルデブラントと比べるならば、モンテリウスはダーウィニズムが型式学の誕生を刺激したと主張したわけではない。彼は型式学が社会的に十分に受容されたフレームワークとなった晩年になって初めて生物進化理論とのアナロジーを言い始めたのだ。モンテリウスがダーウィニズムとのアナロジーを出したのは考古学的方法の説明と正当化のためそしてそれが適切であることを示すための手段にすぎなかったといえるだけの論拠は十分にそろっている。モンテリウスの言ったことを鵜呑みにするのは禁物だ。」（Gräslund 1987: 107）

考古学の型式学をその歴史的文脈からあえて外して、有形無形の構造物や構築物に関する形態比較のための方法論として〝脱色〟――いいかえれば〝洗練〟――するならば、〝かたち〟を比較するためにこれまで提唱されてきたさまざまなツールを利用することは可能だろう。たとえば、考古学的研究に適用された形態測定学的な方法論（Lycett and Chauhan 2010; Barcelo and Bogdanovic 2015）は、前節で述べたように、もとをたどれば生物形態の計測という歴史的なルーツにたどり着く。形態の測定にかぎらなくても、生物体系学や比較形態学で長らく議論されてきた形質状態の相同性や状態遷移の方向性（polarity）などの概念も考古学に適用できる状況が少なくないだろう。たとえば、安達（2016）は縄文土器の型式編年研究に、生物学で展開されてきたこれらの理論がどこまで考古学の研究に適用できるかを模索している。形態形質をそもそもどのように認識するか（Wagner 2001）、そして形態形質の形質状態をどのようにコード化するか（Scotland and Pennington 2000）といった論点は生物学と考古学の両分野で共有されるべきだろう。

バシュフォード・ディーンがかつて魚類分類学者として勤務したアメリカ自然史博物館には、三葉虫の研究者として有名なナイルズ・エルドレッジが現在在籍している。エルドレッジは、生物学者であると同時に、金管楽器コルネットの蒐集家としても有名で、さまざまな形態的変異をもつこの楽器群の時代的変遷を分岐学的方法に基づいて系統解析した論文がある（Eldredge 2002; Tëmkin and Eldredge 2007）。

ディーンとまったく同様に、生物進化と文化進化を股にかけるエルドレッジは、分岐学者としての立場からコルネットの〝系統発生〟に関しては十分注意してかかるべきだと結論する。たとえば、一八二五年以降、現在に至るまでのコルネットの系統樹（正確には系統ネットワーク）を見てみよう（図５－５）。

この系統樹の直線部分は生物系統学の方法論である分岐学（三中 1997）に基づく最節約分岐図（*PAUP**: Swofford 2001）であり、曲線は距離法に基づく系統ネットワーク（*T-Rex*: Makarenkov 2001）を示している。なかば折衷的なこの〝文化系統樹〟を通して著者は文化構築物の系統関係の構築は慎重でなければならないという。その最も大きな理由は、物質的な構築物ではその制作者たちが利用する〝情報〟のやりとりが生物進化よりもはるかに錯綜し、非階層的なネットワーク構造が頻繁に出現する可能性が高いからだ（Tëmkin and Eldredge 2007: 151）。コルネットの場合は幸いなことにさまざまな記録資料によって〝真の歴史〟がわかっているので、逆にそれを利用して文化系統の〝推定値〟がどれほど正確な解であるのかを検証するよい例となっている。

エルドレッジらが指摘するように、文化構築物を対象とする系統推定は生物の系統推定よりも用心しなければならないことは事実だろう。しかし、そのような制約があるなかでも文化系統樹（あるいは文化系統ネットワーク）が実際に推定できるという事例の蓄積があるという点が

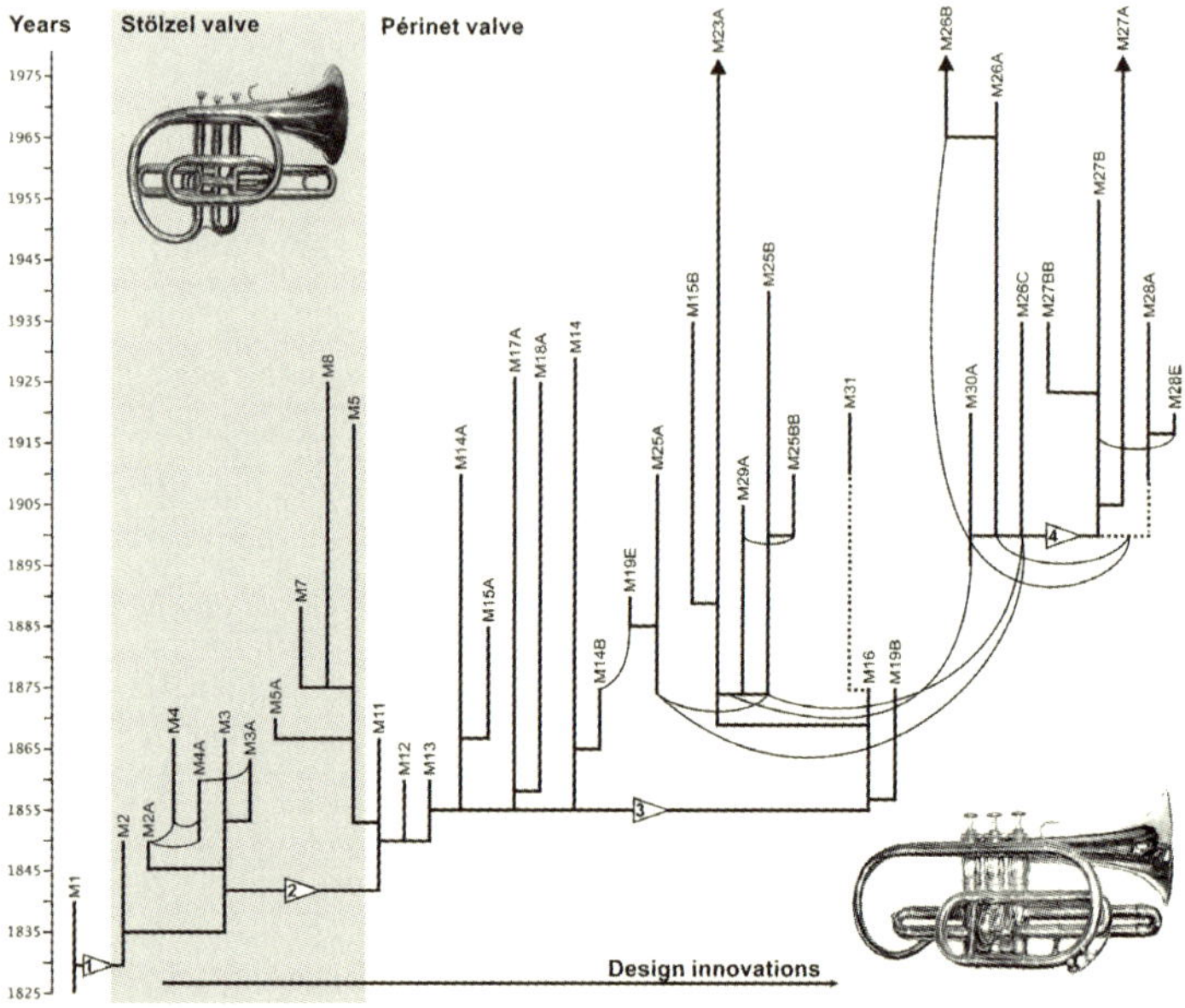

図 5-5　金管楽器コルネットの系統樹（Tëmkin and Eldredge 2007: 149, fig. 2)。左側の影をつけた部分は「シュテルツェル・ヴァルヴ（Stölzel valve)」をもつコルネット群であり、それ以外は「ペリネ・ヴァルヴ（Périnet valve)」をもつ群である。図中の三角形はコルネットの形態変遷における「鍵革新（key innovation)」である：1. ヴァルヴの個数、2. 第 2 ヴァルヴの移動と配列、3. ベル開口部の位置と配置、4. ベル形状の変化（“トランペット化”）。

より重要ではないだろうか。本章で論じたように、モンテリウスやディーンが考古学に生物進化の考え方が適用できるという着想をそもそも得た背景は、対象物の変化を記述し解析する共通のフレームワークの存在に彼らが気づいたからだろう。生物系統学にかぎっても交雑進化や二次共生によって系統発生が分岐的なツリーではなく網状のネットワークとして表現するのがふさわしい事例は数多くある（Page 2003; Huson *et al.* 2010; Morrison 2011）。分子系統学における遺伝子系統樹に目を向ければ遺伝子重複やリネージ・ソーティングなどの原因によりさらに錯綜した系統関係がありうると指摘されている（Felsenstein 2004; Yang 2014）。このことを考えるならば、生物進化と文化進化との間に超えることのできないギャップがあると言い立てる（たとえば Kroeber 1948）のは生産的ではなく、生物系統学のなかであっても文化系統学のなかであっても対象物の〝進化過程〟に関する性質や特徴を適切に考慮しなければ誤った推定が導かれてしまうという教訓であるとみなすべきだろう。むしろ、一般化された系統推定論のなかで生物や文化構築物を含めて大きく包括するフレームワークの新たな構築がいま求められていると私は考えている。

謝辞

本章の原稿に対して有益なコメントをいただいた査読者に感謝する。

参考文献

Åberg, N. (1943). Oscar Montelius som forskare: Till 100-årsminnet av Montelii födelse den 9 sept. 1843. pp. vii-xlviii in: Lundqvist, M. (Ed.), *Bibliotheca Monteliana: Katalog över Oscar Montelius Boksamling i Kungl. Vitterhets Historie och Antikvitets Akademiens bibliothek*. Kungl. Vitterhets Historie och Antikvitets Akademiens Handlingar, Femtiosjunde delen. Almqvist & Wiksells Boktryckeri, Uppsala.

Atkinson, Q. D. and Gray, R. D. (2005). Curious parallels and curious connections: Phylogenetic thinking in biology and historical linguistics. *Systematic Biology* 54: 513–526.

Barcelo, J. A. and Bogdanovic, I. (Eds.) (2015). *Mathematics and Archaeology*. CRC Press, Boca Raton.

de Beer, G. (1971). *Homology: An Unsolved Problem*. Oxford University Press, London.

Bookstein, F. L. (1978). *The Measurement of Biological Shape and Shape Change*. Springer-Verlag, Berlin

Bookstein, F. L. (1991). *Morphometric Tools for Landmark Data: Geometry and Biology*. Cambridge University Press, New York

Bookstein, F. L. (2014). *Measuring and Reasoning: Numerical Inference in the Sciences*. Cambridge University Press, Cambridge.

Chung, C. (2003). On the origin of the typological/population distinction in Ernst Mayr's changing views of species, 1942–1959. *Studies in History and Philosophy of Biological and Biomedical Sciences* 34: 277–296.

Dawkins, R. (1982). *The Extended Phenotype: The Gene as the Unit of Selection*. Oxford University Press, Oxford.（＝日高敏隆・遠藤知二・遠藤彰訳 1987『延長された表現型：自然淘汰の単位としての遺伝子』紀伊國屋書店）

Dean, B. (1915). An explanatory label for helmets. *The Metropolitan Museum of Art Bulletin* 10(8): 173–177.

Dean, B. (1916). A descriptive label for spurs. *The Metropolitan Museum of Art Bulletin* 11(10): 217–219.

Dean, B. (1920). *Helmets and Body Armor in Modern Warfare*. Yale University Press, New Haven.

Dunnell, R. C. (1971 〔2002〕). *Systematics in Prehistory*. The Blackburn Press, Caldwell.

Eldredge, N. (2002). A brief history of piston-valved cornets. *Historical Brass Society Journal* 14: 337–390.

Felsenstein, J. (2004). *Inferring Phylogenies*. Sinauer Associates, Sunderland.

Fletcher, B. (1896). *A History of Architecture for the Student, Craftsman, and Amateur: Being a Comparative View of the Historical Styles from the Earliest Period*. B.T. Batsford, London.

Forster, P. and Renfrew, C. (Eds.) (2006). *Phylogenetic Methods and the Prehistory of Languages*. The McDonald Institute for Archaeological Research, Cambridge.

Ghiselin, M. T. (1997). *Metaphysics and the Origin of Species*. State University of New York Press, New York.

Gräslund, B. (1987). *The Birth of Prehistoric Chronology: Dating Methods and Dating Systems in Nineteenth-century Scandinavian Archaeology*. Cambridge University Press, Cambridge.

Fangerau, H., Geisler, H., Halling, T. and Martin, W. (Eds.) (2013). *Classification and Evolution in Biology, Linguistics and the History of Science: Concepts / Methods / Visualization*. Franz Steiner Verlag, Stuttgart.

Hennig, W. (1950). *Grundzüge einer Theorie der phylogenetischen Systematik*. Deutscher Zentralverlag,

Berlin.

Hennig, W. (1974). Kritische Bemerkungen zur Frage "Cladistic analysis or cladistics classification?" *Zeitschrift für zoologische Systematik und Evolutionsforschung* 12, 279–294.

Hennig, W. (1982). *Phylogenetische Systematik*. Verlag Paul Parey, Berlin.

Hey, J. (2001). *Genes, Categories, and Species: The Evolutionary and Cognitive Causes of the Species Problem*. Oxford University Press, New York.

Hodson, F. R., Kendall, D. G. and Tăutu, P. (Eds.) (1971). *Mathematics in the Archaeological and Historical Sciences*. Edinburgh University Press, Edinburgh.

Hoßfeld, U. und Breidbach, O. (Hrsg.) (2005). *Haeckel-Korrespondenz: Übersicht über den Briefbestand des Ernst-Haeckel-Achivs*. Verlag für Wissenschaft und Bildung, Berlin.

Huson, D. H., Rupp, R. and Scornavacca, C. (2010). *Phylogenetic Networks: Concepts, Algorithms and Applications*. Cambridge University Press, Cambridge.

Kendall, D. G. (1971). Seriation from abundance matrices. Pp. 215–252 in: Hodson, F. R., Kendall, D. G., and Tăutu, P. (Eds.), *Mathematics in the Archaeological and Historical Sciences*. Edinburgh University Press, Edinburgh.

Kendall, D. G., Barden, D., Carne, T. K., and Le. H., (1999). *Shape and Shape Theory*. John Wiley & Sons, Chichester.

Kikusawa, R. and Reid, L. A. (Eds.) (2017 [in press]). *Let's Talk about Trees: Tackling Problems in Representing Phylogenetic Relationships among Languages*. Senri Ethnological Studies. National Museum of Ethnology, Ōsaka.

Kroeber, A. L. (1948). *Anthropology: Race, Language, Culture, Psychology, Pre-history*. Harcourt, Brace

and Company, New York.
Kubler, G.（1962）. *The Shape of Time: Remarks on the History of Things*. Yale University Press, New Haven.
Lima, M.（2011）. *Visual Complexity: Mapping Patterns of Information*. Princeton Architectural Press, New York（＝久保田晃弘監修／奥いずみ訳 2012『ビジュアル・コンプレキシティ：情報パターンのマッピング』ビー・エヌ・エヌ新社）
Lima, M.（2014）. *The Book of Trees: Visualizing Branches of Knowledge*. Princeton Architectural Press, New York.（＝三中信宏訳 2015『The Book of Trees ――系統樹大全：知の世界を可視化するインフォグラフィックス』ビー・エヌ・エヌ新社）
Lima, M.（2017）. *The Book of Circles: Visualizing Spheres of Knowledge*. Princeton Architectural Press, New York.
Lipo, C. P., O'Brien, M. J., Collard, M. and Shennan, S.（Eds.）（2006）. *Mapping Our Ancestors: Phylogenetic Approaches in Anthropology and Prehistory*. Transaction Publishers, New Brunswick and London.
Lycett, S. J. and Chauhan, P. R.（Eds.）（2010）. *New Perspectives on Old Stones: Analytical Approaches to Paleolithic Technologies*. Springer-Verlag, New York.
Lyman, R. L. and O'Brien, M. J.（2006）. Seriation and cladistics: The difference between anagenetic and cladogenetic evolution. Pp. 65-88 in: Lipo, C. P., O'Brien, M. J., Collard, M. and Shennan, S.（Eds.）, *Mapping Our Ancestors: Phylogenetic Approaches in Anthropology and Prehistory*. Transaction Publishers, New Brunswick and London.
Mace, R. Holden, C. J. and Shennan, S.（Eds.）（2005）. *The Evolution of Cultural Diversity: A Phylogenetic Approach*. UCL Press, London.

Makarenkov, V. (2001). *T-Rex*: Reconstructing and visualizing phylogenetic trees and reticulation networks. *Bioinformatics* 17: 664-68.

Mayr, E. (1942). *Systematics and the Origin of Species from the Viewpoint of a Zoologist*. Columbia University Press, New York.

Mayr, E. (1982). *The Growth of Biological Thought: Diversity, Evolution, Inheritance*. Harvard University Press, Cambridge.

Mesoudi, A. (2011). *Cultural Evolution: How Darwinian Theory Can Explain Human Culture and Synthesize the Social Sciences*. The University of Chicago Press, Chicago.（＝野中香方子訳、竹澤正哲解説 2016『文化進化論：ダーウィン進化論は文化を説明できるか』ＮＴＴ出版）

Minaka, N. (2016). Chain, Tree, and Network: The Development of Phylogenetic Systematics in the Context of Genealogical Visualization and Information Graphics. Pp. 410–430 in: Williams, D. M. Schmitt, M. and Wheeler, Q. D. (Eds.), *The Future of Phylogenetic Systematics – The Legacy of Willi Hennig*. Cambridge University Press, Cambridge.

Minaka, N. (2017 [in press]). Tree and network in systematics, philology, and linguistics: Structural model selection in phylogeny reconstruction. In: Kikusawa, R. and Reid, L. A. (Eds.), *Let's Talk about Trees: Tackling Problems in Representing Phylogenetic Relationships among Languages*. Senri Ethnological Studies. National Museum of Ethnology, Ōsaka.

Montelius, O. (1899). Typologien eller utvecklingsläran tillämpad på det menskliga arbetet. *Svenska fornminnesföreningens tidskrift*, 30(3): 237–268. http://samla.raa.se/xmlui/handle/raa/8733

Montelius, O. (1903a). *Die älteren Kulturperioden im Orient und in Europa I. Die Methode*. Selbstverlag des Verfassers, Stockholm.（＝濱田耕作訳1999（1932）『考古學研究法』雄山閣出版）

Montelius, O. (1903b). *Die typologische Methode. Separat aus "Die älteren Kulturperioden im Orient und in Europa"*. Selbstverlag des Verfassers, Stockholm. https://archive.org/details/bub_gb_p2tBAQAAMAAJ

Morrison, D. A. (2011). *Introduction to Phylogenetic Networks*. RJR Productions, Uppsala.

Morrison, D. A. (2014). Is the tree of life the best metaphor, model, or heuristic for phylogenetics? *Systematic Biology* 63(4): 628–638.

Naef, A. (1919). *Idealistische Morphologie und Phylogenetik* (*Zur Methodik der systematischen Morphologie*). Verlag von Gustav Fischer, Jena.

Nunn, C. L. (2011). *The Comparative Approach in Evolutionary Anthropology and Biology*. The University of Chicago Press, Chicago.

O'Brien, M. J. and Lyman, R. L. (2003a). *Cladistics and Archaeology*. The University of Utah Press, Salt Lake City.

O'Brien, M. J. and Lyman, R. L. (Eds.) 2003b. *Style, Function, Transmission: Evolutionary Archaeological Perspectives*. The University of Utah Press, Salt Lake City.

O'Brien, M. J., Lyman, R. L. and Schiffer, M. B. (2005). *Archaeology as a Process: Processualism and Its Progeny*. The University of Utah Press, Salt Lake City.

Olsson, L. and Hoßfeld, U. (2003). Ernst Haeckel's Swedish correspondents. *Uppsala Newsletter*, (34): 1–3.

Page, R. D. M. (Ed.) (2003). *Tangled Trees: Phylogeny, Cospeciation, and Coevolution*. The University of Chicago Press, Chicago.

Pereltsvaig, A. and Lewis, M. W. (2015). *The Indo-European Controversy: Facts and Fallacies in Histori-*

cal Linguistics. Cambridge University Press, Cambridge.

Remane, A. (1956). *Die Grundlagen des natürlichen Systems, der vergleichenden Anatomie und der Phylogenetik: Theoretische Morphologie und Systematik I*. Geest & Portig K.-G., Leipzig.

Riede, F. (2006). The Scandinavian connection: The roots of Darwinian archaeology in 19th-century Scandinavian archaeology. *Bulletin of the History of Archaeology* 16(1): 4–19.

Riede, F. (2011). Steps towards operationalising an evolutionary archaeological definition of culture. pp. 245–270 in: B. W. Roberts and M. Vander Linden (Eds.), *Investigating Archaeological Cultures: Material Culture, Variability, and Transmission*. Springer-Verlag, Berlin.

Rundkvist, M. (2009). Early archaeological Darwinism. http://scienceblogs.com/aardvarchaeology/2009/02/11/early-archaeological-darwinism/ Accessed on 21 March 2017.

Scotland, R. and Pennington, R. T. (Eds.) (2000). *Homology and Systematics: Coding Characters for Phylogenetic Analysis*. Taylor and Francis, London.

Sørensen, M. L. S. (1997). Material culture and typology. *Current Swedish Archaeology* 5: 179–192.

Sober, E. (1988). *Reconstructing the Past: Parsimony, Evolution, and Inference*. The MIT Press, Cambridge. (＝三中信宏訳 2010『過去を復元する：最節約原理・進化論・推論』勁草書房)

Sober, E. (2015). *Ockham's Razors: A User's Manual*. Cambridge University Press, Cambridge.

Steadman, P. (2008). *The Evolution of Designs: Biological Analogy in Architecture and the Applied Arts. A Revised Edition*. Routledge, London.

Straffon, L. M. (Ed.) (2016). *Cultural Phylogenetics: Concepts and Applications in Archaeology*. Springer International Publishing, Switzerland.

Swofford, D. L. (2001). *PAUP* : Phylogenetic Analysis Using Parsimony (*and other methods), Version*

4. Sinauer Associates, Sunderland.
Tëmkin, I. and Eldredge, N. (2007). Phylogenetics and material cultural evolution. *Current Anthropology*, 48(1): 146–153.
Tufte, E. R. (1990). *Envisioning Information*. Graphic Press, Cheshire.
Tufte, E. R. (1997). *Visual Explanations: Images and Quantities, Evidence and Narrative*. Graphic Press, Cheshire.
Tufte, E. R. (2001). *The Visual Display of Quantitative Information, Second Edition*. Graphic Press, Cheshire.
Tufte, E. R. (2006). *Beautiful Evidence*. Graphic Press, Cheshire.
Turner, J. S. (2000). *The Extended Organism: The Physiology of Animal-Built Structures*. Harvard University Press, Cambridge（＝深津武馬監修・滋賀陽子訳 2009『生物がつくる〈体外〉構造：延長された表現型の生理学』みすず書房）
Wagner, G. P. (Ed.) (2001). *The Character Concept in Evolutionary Biology*. Academic Press, San Diego.
Wilkins, J. S. (2009a). *Species: A History of the Idea*. University of California Press, Berkeley.
Wilkins, J. S. (2009b). *Defining Species: A Sourcebook from Antiquity to Today*. Peter Lang, New York.
Yang, Z. (2014). *Molecular Evolution: A Statistical Approach*. Oxford University Press, Oxford.
安達香織 2016『縄紋土器の系統学：型式編年研究の方法論的検討と実践』慶應義塾大学出版会。
倉谷滋 2016『分節幻想：動物のボディプランの起源をめぐる科学思想史』工作舎。
倉谷滋 2017『新版 動物進化形態学』東京大学出版会。
角田文衛 1932「解題」オスカー・モンテリウス［濱田耕作訳］1999（1932）『考古學研究法』雄山閣出版、163-169頁。

中尾央・三中信宏編著 2012『文化系統学への招待：文化の進化パターンを探る』勁草書房。
中谷礼仁 2012「一九世紀擬洋風建築とG・クブラーの系統年代について」中尾央・三中信宏編著『文化系統学への招待：文化の進化パターンを探る』勁草書房、85-117頁。
濱田耕作 1922［2016］『通論考古学』岩波書店。
三中信宏 1997『生物系統学』東京大学出版会。
三中信宏 1999「形態測定学」棚部一成・森啓編『古生物の形態と解析』朝倉書店、61-99頁。
三中信宏 2005「非生物だって進化する：歴史推定の普遍的方法論について」『遺伝』59（1）、97-103頁。
三中信宏 2006『系統樹思考の世界：すべてはツリーとともに』講談社。
三中信宏 2009『分類思考の世界：なぜヒトは万物を「種」に分けるのか』講談社。
三中信宏 2010a『進化思考の世界：ヒトは森羅万象をどう体系化するか』日本放送出版協会。
三中信宏 2010b「系譜学的思考の起源と展開：系統樹の図像学と形而上学」松本俊吉編『進化論はなぜ哲学の問題になるのか：生物学の哲学の現在』勁草書房、141-161頁。
三中信宏 2012a「文化系統学と系統樹思考：存在から生成を導くために」中尾央・三中信宏編著『文化系統学への招待：文化の進化パターンを探る』勁草書房、171-199頁。
三中信宏 2012b「おわりに：系統樹思考の裾野の広がり」中尾央・三中信宏編著『文化系統学への招待：文化の進化パターンを探る』勁草書房、201-211頁。
三中信宏 2012c「文化系統学曼荼羅」中尾央・三中信宏編著『文化系統学への招待：文化の進化パターンを探る』勁草書房、212-213頁。
三中信宏 2014「生物・言語・写本：系統推定論の歴史とその普遍性について」松田隆美・徳永聡子編著『世界を読み解く一冊の本』慶應義塾大学出版会、219-239頁。

三中信宏 2015「絶滅は進化の影絵である：系統発生を可視化する論理について」『現代思想』二〇一五年九月号、176-185頁。
三中信宏 2016「文化系統と文化進化：継承のパターンからプロセスを推論する」『現代思想』二〇一六年五月号、178-187頁。
三中信宏 2017『思考の体系学：分類と系統から見たダイアグラム論』春秋社。
三中信宏・杉山久仁彦 2012『系統樹曼荼羅：チェイン・ツリー・ネットワーク』NTT出版。
三中信宏監修・杉山久仁彦著 2014『生命の樹から系統樹へ／系統樹の森を逍遥して想うこと』神戸芸術工科大学〈系統樹の森：芸術工学とインフォグラフィックス〉大阪展・公開講座図録。

おわりに

中尾　央

プロジェクトの経緯

各章でも触れられている通り、本書は日本学術振興会の「課題設定による先導的人文学・社会科学研究推進事業『歴史科学諸分野の連携・総合による文化進化学の構築』」（代表・井原泰雄）という研究プロジェクトの、三年間の成果をまとめた一冊である。文化進化学にここまで特化した研究プロジェクトは国内では珍しく、よく言えば挑戦的、悪く言えば正直無謀なプロジェクトである。少なくとも、最初の研究会や各種打ち合わせで、私が「若手の無茶に付き合ってもらうプロジェクトです」となかば冗談で言っていたくらいには、その無謀さを自覚していた。いつものことながら、巻き込まれてしまった関係者各位には本当にお詫び・お礼のほかはない。もちろん、それは今後さらなる無茶をお願いすることで換えさせていただきたい。

正確な時期は覚えていないのだが、二〇一三年の終わりか二〇一四年のはじめ頃だっただろうか。本プロジェクトの協力者である田村光平さんから連絡をいただき、当時の勤め先である総合研究大学院大学まで、田村さんと有松唯さんにお越しいただいたのがきっかけだった。裏を明かしてしまえば、有松さんが文化進化絡みのプロジェクトを立ち上げようと考え、広島で開催された人間行動進化学会で田村さんを捕まえ、ついでに私も捕まえようとしたが私は見事に逃げ切ってしまい、直接総研大まで来ざるをえなくなったらしい。総研大の研究室で、「機会を見つけ、文化進化関連の研究プロジェクトを立ち上げてやろう」と話が盛り上がったのを覚えている。

その後すぐ、日本学術振興会から先導的人文学・社会科学研究推進事業について連絡が届き、早速挑戦してみようということになった。そして本書の寄稿者に話をもちかけ、また井原さんに代表をお願いして引き受けてもらい、研究費を申請することになったのである。正直にいえば、私個人はまさか申請が通るとも思っていなかった。公募テーマが「行動・認知・神経科学の方法を用いた、人文学・社会科学の新たな展開」という、よくよく考えてみれば「、」の後ろ以外は本研究内容とはあまり関連のないテーマだったのだ。申請書には、歴史を扱う研究プロジェクトなので、神経科学ではなく考古学が入るという文面を入れた記憶がある。しかし、二〇一四年の九月に運よく採択通知を受け取ることができた。その直前、この研究費が通らなかった場合のことも考え、岡山大学の松本直子先生、そして同時に松木武彦先生にも相談をもちかけるべく、鳥取県大山の岩伏し遺跡まで打ち合わせにうかがったことも鮮明に覚えている。

何より山陰は魚が旨かった。岩伏し遺跡には去年再訪問し、今度は発掘を手伝わせていただいた。結果、私は筋肉痛で死にそうになった。

ともあれこの研究プロジェクトには松本先生（と岡山大学の山口雄治さん）にもご協力を仰ぎ、とくに遠賀川式土器の研究に参加いただいた。ほかにもさまざまな方々にご協力いただいている。土器の楕円フーリエ解析を進めるなかでは、まさに理論形態学がご専門の東京大学の野下浩司さん、古人骨・受傷人骨関連の研究の研究では岡山大学大学院博士課程の中川朋美さんがいろいろとお手伝いくださった。さらにお手伝いだけでなく、野下さんには補遺として、数理的手法の解説のご寄稿をお願いした。また中川さんには、気がつけば私がやるべき作業をほとんどかわりにやっていただき、最終的には、日本の古人骨に関してかなりのデータを集成することができた。また本書では諸事情により、残念ながら有松さん単独でのご執筆はかなわなかったが、いずれ関連する研究成果を発表してくださることと思う。

日本における文化進化研究と本書の位置づけ

私個人が文化進化に興味を持ち始めたのは、まだ博士課程在籍中の二〇〇七年前後だった。人間行動進化学に関心があり、その流れで文化進化についても調べるようになった。そのころの文化進化研究はほとんどが理論的研究で、実際のデータを使った研究はあまりなかったように記憶している。その点については第1章でも触れられているし、事実、当時はよくそう揶揄されていた（e.g., Cronk, Irons, and Chagnon 2000; 中尾 2015）。国内で実際に文化進化研究に関わっていた研究者はその井原さんや、名古屋大学の有田隆也さんたちなど、数理系・（とくに言語進化の）シミュレーション系の方々が中心で、北海道大学の竹澤正哲さんのような心理系の方は、かなり例外的な存在だったように思う。

その後、本研究プロジェクトのメンバーでもある農業・食品産業技術総合研究機構の三中信宏さん、そして今回も編集をご担当いただいた勁草書房の鈴木クニエさんをそそのかし、さらにいろいろな方を巻き込んで多大なるご迷惑をおかけしながら出版できたのが『文化系統学への招待』（二〇一二年）である。当時、東京大学の長谷川寿一先生の研究室にトーマス・E・カリーという、世界でも数少ない文化系統学の研究者が在籍していたのも後押しになった（彼にも『文化系統学への招待』にはご執筆いただいた）。日本人による初の文化進化本を出版できたという意味で多少なりとも意義があったのではないかという、小指の先ほどのちょっとした自負を感じつつ、いつものことながら、実際のところは「若いってすごいな、お前、世間知らずだろ」という反省が大半を占めている。そして結局、本書が日本人による二冊目の文化進化本ということになるのだろうか。もちろん、研究成果自体はさまざまな論文で発表されている。

しかし近年、日本でも文化進化への注目度は徐々に高くなりつつあるようだ。アレックス・メスーディの『文化進化論』（NTT出版、二〇一六年）は評判も高く、よく読まれているらしい。また関心をもつ研究者や学生も徐々に増え、関連する分野の学会でも文化進化方面の講演を聞く機会が増えた。海外では文化進化研究の学会組織もでき（Cultural Evolution Society, e.g., Brewer *et al.* 2015）、徐々にその勢いは強まっている。また、心理学、人類学、考古学などの関連分野においても文化進化研究がさらに浸透し、裾野が広がりつつある。たとえば第2章や中尾（2011, 2012）でも触れられているように、考古学であれば石器や鏃などに関して、形態測定学や系統推定の観点からさまざまな研究が蓄積されてきた。先のカリーもイギリスでSeshat（http://seshatdatabank.info）というプロジェクトを始め、第2章にあるようなコーディングを行いながら、さまざまな国の先史・歴史データを収集し、定量的な解析に使えるように整理している。

本書の特徴は、こうした流れのなかでもとくに、考古学との関連で行われた研究を紹介している点である。いくつかの章で触れられているように、考古遺物を対象とした文化進化研究は徐々に広まりつつあるが、当然ながら日本の考古遺物を対象にした研究はほとんど見られない。しかし、日本考古学のデータは海外に比べてもきわめて豊富かつ充実しており、このデータを十分に活用すれば、これまでなされてきた研究よりもはるかに充実した成果が得られるのではないだろうか。そう考えたのも、この研究プロジェクトを開始するきっかけの一つである。

また、考古遺物のデータにはほかの点でも文化進化研究にとって重要な意味がある。たとえば心の進化を考えようとした際、当然ながら数百万年前のヒトの心を直接研究することはできない。数百万年前の心、もしくはそうした心をもった生き物は現存しないからだ。もちろん、ある程度であれば、チンパンジーやボノボのような最近縁種から過去を推測することはできる。しかし、これらの種をヒトの過去を直接反映するものとみなすことはできない。両種ともヒトと分岐してからの数百万年で、かなり独自の進化を遂げてきたからだ。ボノボはチンパンジーより平和的な種であると言われがちだが、両者が分岐したのも二〇〇万年も前である。

他方、考古遺物は（うまく残っていれば、あるいはうまく復元できれば）当時のままの姿を残している。つまり、遺物を直接考察できるのである。これは心や言語などの「形」を残さない特徴に比べ、研究対象として大きな利点となる。もちろん、データの残りやすさは地域や遺物の種類によって異なる。たとえば土壌が強い酸性であれば、人骨は残りにくいし、土地の酸性度合いは地域によって異なる。弥生時代の話で言えば、北部九州の人骨は甕棺と呼ばれる埋葬具のなかに収められており、直接土壌に埋葬された場合よりも人骨の残りがよい。弥生中期の北部九州で人骨が多数出土するのは、これも理由の一つだろう。考古遺物を検討していく場合、こうした偏りを考慮した上で研究を進めなければならない。

本書はその考古遺物として古人骨・受傷人骨、土器、古墳を取り上げた。第4章は古人骨に基づいた研究で、内容自体はいくつかの雑誌に投稿した論文を整理しなおし、統合したものである。とくに縄文時代のデータに基づいて発表した論文は、『バイオロジー・レターズ』（Biology Letters）という生物系では比較的著名な学術誌で受理され、また成果についてプレスリリースを作り、記者発表も行った（Nakao *et al.* 2016）。結果として、この論文は国内の各種新聞やメディアのみならず、とくにワシントンポスト紙（Kaplan 2016）や『ネイチャー』といった著名メディアでも紹介されるなど、海外でも大きな反響を呼んだ。縄文時代のデータだけで、さまざまな国のデータを集めて議論している先行研究の半分ほどの数に相当し、かなりのインパクトがあったと考えられる。しかし、紹介のされ方を見ると、日本のデータをもちいた研究である点も大きかった。この論文にどれだけの価値があるのか私自身はまだよくわかっていないし、今後の研究次第で価値は変わっていくとも思うが、日本考古学のデータが国際的に大きなインパクトを与えうることは、身にしみてよくわかった。

第2、3章では遠賀川式土器と古墳、とくに前方後円墳が取り上げられている。土器に関してもこれほど充実したデータを蓄積している国はそれほどない。第2章でも簡単に触れたが、日本考古学は土器の型式分類・編年の作業に（とくに他国から見れば）信じられないほどの熱意を注いでいる（e.g. Ikawa-Smith 1982）。その評価は別の機会に論じるとして、少なくとも土器データ・分類の充実度は他に類を見ないことは間違いない。古墳も同様で、第3章で紹介された先行研究では主に数理的手法が使われていたが、古墳形態の型式分類・編年研究も山のように出版されてきている（e.g. 近藤1992-2000）。データそのものについても、二次元の測量図であればすでにさまざまな集成がなされており（e.g. 宮内庁書陵部陵墓課 1999）、自由に利用できる。土器と古墳についてはまだ研究内容を海外の雑誌に投稿できていないが、人骨の研究と同様、インパクトを与える可能性は十分にある。さらに、今回の研究内容は遠賀川式土器だけでなく、ほかの土器、あるいは武器・石器やその他の考古遺物にも拡張が考えられる。実際、現在その可能性を模索しているところである。

＊＊＊

本書がプロジェクトの研究成果をまとめた本であることからもわかるように、本プロジェクトはこれでいったん終了である。このプロジェクトがどこまで成功したのかは、読者の方々、周囲の方々の判断に委ねるしかない。実際、すでにいろいろなご批判を耳にし、また直接ご意見いただいたことも多い。それはありがたいことこの上なく、アカデミックな場面・意味で炎上するのは、研究者にとって至上の喜びである。

たとえば、よくいただく批判の一つに「報告書だけに依存した研究で大丈夫なのか」がある。報告書だけでなく、考古遺物の現物も見なければならないという意味であれば、十分に理解できる批判であり、まさにその通りとしか答えようがない。後述するように、二次元の実測図には大きな限界がある。本書の大部分でなされている研究は、現物を見ることの重要さを理解した上で、これまで蓄積されてきたデータを十分に活用しようとしている。しかし、報告書の記載だけでは信頼できず、そこに依拠した研究には価値がないと言われるのであれば、一言くらいは反論しよう。「そんな信頼もできないものを税金使って出版しているんですか」と。さまざまな（とくに人的・時間的）限界を理解した上で、現状何が最適なのか考えておく必要があるだろう。

もちろん、実際のところどの研究もまだまだ途上段階である。遠賀川式土器の研究は解析対象となる土器をさらに拡大する必要がある。古人骨の研究についても、言ってしまえば数を数えて検定しただけだし、古墳の解析も、より多くの古墳を対象にして、さらにまとまった考察ができるだろう。加えて、土器と古墳に関しては、いずれ三次元データを対象にして、考察を進めなければならない。現在入手できる二次元データは、観測者の主観が入り込む余地を大きく残してしまっている。こうした残された作業に関しては、今後も関連プロジェクトで継続していくべく、準備を進めている。ただ個人的には、（一定の研究成果はもちろんのことながら）さまざまな展望、そして今後の方向性や、さらには考古遺物を対象とした文化進化研究の可能性や限界も見えてきたことが何よりもうれしい。

また、こうした（少なくとも審査時には）挑戦的か無謀かもわからないような研究プロジェクトを採択していただいた、日本学術振興会にも感謝のほかはない。研究成果を継続的に出し、生き残っていくためには、真面目かつ穏当な路線ももちろん大事である。だが、より面白く、なおかつ重要な成果をめざすのであれば、一見すれば無謀な目標を狙っていくことこそ肝要となるだろう（もちろんある程度の勝算は必要である）。こうした「賭け」の重要性を理解いただいたというだけで、本当にありがたいかぎりである。

最後になったが、本書は各章の内容に関して関連研究者に査読を行っていただいた。年度末の慌ただしい時期、しかもたった二週間という短期間での査読にご協力いただいた皆さまにはここで改めて感謝申し上げたい。また、本研究プロジェクトの遂行にあたっていろいろなご助言、ご支援をいただいた方々にも、ここで再度お礼を申し上げておきたい。本来ならば全員のお名前をあげるべきかとも思うが、無用のご迷惑をおかけしないためにも、ここでは控えておこうと思う。

二〇一七年四月

参考文献

Cronk, L., Irons, W., and Chagnon, N.（Eds.）（2000）. *Adaptation and human behavior*. Aldine de Gruyter.

Brewer, J., Gelfand, M., Jackson, J. C., MacDonald, I. F., Peregrine, P. N., Richerson, P. J., Turchin, P., Whitehouse, H., and Wilson, D. S.（2015）. Grand challenges for the study of cultural evolution? *Nature Ecology & Evolution* 1, 0070.（doi: 10.1038/s41559-017-0070）

Nakao, H., Tamura, K., Arimatsu, Y., Nakagawa, T., Matsumoto, N., and Matsugi, T.（2016）. Violence in the prehistoric period of Japan: The spatiotemporal pattern of skeletal evidence for violence in the Jomon period. *Biology Letters* 12, 20160028.（doi: 10.1098/rsbl.2016.0028）

Nature Research Highlights.（2016）. War uncommon in prehistoric Japan. *Nature* 532 150-151.

Kaplan, S.（2016）. A study of ancient Japanese bones might challenge our ideas about human nature.

Washington Post, 2016/04/01.（URL: https://www.washingtonpost.com/news/morning-mix/wp/2016/04/01/a-study-of-ancient-japanese-bones-might-challenge-our-ideas-about-human-nature/）

Ikawa-Smith, F. 1982. "Co-traditions in Japanese archaeology." *World Archaeology* 13(3), 296-309.

宮内庁書陵部陵墓課 1999『宮内庁書陵部陵墓地形図集成』学生社。

近藤義郎編 1992-2000『前方後円墳集成』（九州、中国・四国、近畿、中部、東北・関東、補遺編）山川出版社。

中尾央 2011「文化とその系譜：文化系統学の（再）興隆」『科学哲学科学史研究』5、51-70頁。

中尾央 2012「文化の過去を復元すること：文化進化のパターンとプロセス」中尾・三中（2012）、2-16頁。

中尾央 2015『人間進化の哲学：行動・心・文化』名古屋大学出版会。

中尾央・三中信宏編著 2012『文化系統学への招待：文化の進化的パターンを探る』勁草書房。

10.1016/0146-664X(82)90034-X)
Mardia, K. V. (1989). Shape analysis of triangles through directional techniques. *Journal of the Royal Statistical Society Series B (Methodological)* 51, 449-458.
R Core Team. (2016). R: A Language and Environment for Statistical Computing. Vienna, Austria.
RStudio Team. (2016). RStudio: Integrated Development Environment for R. Boston, MA.
Shen, L. Farid, H., and McPeek. M. A. (2009). Modeling three-dimensional morphological structures using spherical harmonics. *Evolution; International Journal of Organic Evolution* 63(4), 1003-1016. (doi: 10.1111/j.1558-5646.2008.00557.x)
Zelditch, M. L., Swiderski D. L., and Sheets, H. D., 2012. *Geometric morphometrics for biologists: A primer 2nd edition.* Academic Press.
上田宏範 1963「前方後円墳における築造企画の展開」橿原考古学研究所『近畿古文化論攷』pp. 111-136。
松木武彦 1999「古墳時代の武装と戦争」松木武彦・宇田川武久編『人類にとって戦いとは〈2〉戦いのシステムと対外戦略』東洋書林、pp. 56-80。
三中信宏 1999「形態測定学」棚部一成・森啓編『古生物の形態と解析』朝倉書店。
生形貴男 2005「現代形態測定学：化石，人骨，石器等のかたちの定量・比較ツール」『第四紀研究』44(5): 297-313。
福田礼次郎 1997『理工系の基礎数学 フーリエ解析』岩波書店。

the collection and analysis of geometric morphometric shape data. *Methods in Ecology and Evolution* 4(4): 393–399. (doi: 10.1111/2041-210X.12035)

Adams, D. C., Rohlf, F. J., and Slice, D. E. (2013). A field comes of age: geometric morphometrics in the 21st century. *Hystrix, the Italian Journal of Mammalogy* 24, 7–14. (doi: 10.4404/hystrix-24.1-6283)

Adams, D. C., Rohlf, F. J., and Slice, D. E. (2004).Geometric morphometrics: Ten years of progress following the 'revolution'. *Italian Journal of Zoology* 71, 5–16. (doi: 10.1080/11250000409356545)

Bonhomme, V., Picq, S., Gaucherel, C., and Claude, J. (2014). Momocs : Outline Analysis Using R. *Journal of Statistical Software* 56(13). (doi: 10.18637/jss.v056.i13)

Bookstein, F. L. (1996). Applying landmark methods to biological outline data. *Image Fusion and Shape Variability Techniques* (pp. 59–70). Leeds: Leeds University Press.

——. (1997a). Landmark methods for forms without landmarks: morphometrics of group differences in outline shape. *Medical Image Analysis* 1 (3), 225–243. (doi: 10.1016/S1361-8415 (97) 85012-8)

——. (1997b). *Morphometric tools for landmark data: Geometry and biology*. Cambridge University Press.

Claude, J. (2008). *Morphometrics with R*. New York, NY: Springer Science & Business Media.

Dryden, I. L. and Mardia, K. V. (2016). *Statistical shape analysis: With applications in R*. West Sussex: John Wiley & Sons.

Gunz, P., Mitteroecker, P., Neubauer, S., Weber, G. W., and Bookstein, F. L. (2009). Principles for the virtual reconstruction of hominin crania. *Journal of Human Evolution* 57(1), 48–62. (doi: 10.1016/j.jhevol.2009.04.004)

Kendall, D. G., Barden, D., Carne, T. K., and Le. H. (2009). *Shape and shape theory*. West Sussex: John Wiley & Sons.

Kuhl, F. P. and Giardina, C. R. (1982). Elliptic Fourier features of a closed contour. *Computer Graphics and Image Processing* 18(3), 236–258. (doi:

すなわち標識点データと輪郭データの収集効率のいずれが高いかに依存している（もちろんそもそも輪郭形状でない場合、輪郭ベース形態測定学の選択の余地はない）。輪郭のデータの収集は領域分割やエッジ検出などの画像解析手法と親和性が高いため、自動的に大量に得ることが難しくない。一方で、標識点の定義は対象に対する事前知識を必要とし、画像として取得することが難しいことも少なくない。向きを与えるためにだけ利用する標識点のみを専門家もしくは調整した画像解析手法により取得し、輪郭形状自体は輪郭ベース形態測定学の手法を使うことはその折衷案といえる。

さらに幾何学的形態測定学を知りたい人へ

幾何学的形態測定学に関する入門的な教科書としてZelditch, Swiderski, and Sheets（2012）がある。また、Claude（2008）にはRでの豊富な実装例がある。標識点ベース形態測定学の理論的な背景はDryden and Mardia（2016）やKendall *et al.*（2009）にくわしい。日本語での文献としては、幾何学的形態測定学全般について三中（1999）、生形（2005）などにまとまっている。

注1　スリップを許すところが擬標識点の定義と異なるが、これらは排反ではない。「準標識点の指定に擬標識点がもちいられる」と考えることができる。

参考文献

Adams, D. C., and Otárola-Castillo, E. (2013). Geomorph: an rpackage for

4.4 輪郭の相同性、とくに向きの問題

標識点ベース形態測定学の場合は、相同性は標識点としてかなり厳格に与えられている。一方、楕円フーリエ解析の場合には相同性は輪郭に沿ったパラメータによってゆるく担保されているとみなせる。すなわち、輪郭に沿ったパラメータが同じ部位を標本間で比較しているということであり、輪郭に沿って無数の（しかし同数の）擬標識点が配置されている状況だ。問題はこの無数の擬標識点が配置されるべき位置の指定を行う端点（輪郭に沿ったパラメータのスタート地点）が標本間で揃っておらず、またその定義が明確でないことである。

では具体的に、輪郭に事前情報を利用して向きの情報を与えるにはどうすればよいのだろうか。一つの解決策は位置合わせ用に標識点を設定することである。たとえば、3次元輪郭（閉曲面）の解析法で利用される例が多い（たとえばShen and McPeek 2009）。標識点を利用しプロクラステス距離などの何らかの距離を最小化させるよう整列を行う。もう一つは、対象に特徴的な構造や軸を利用する方法である。たとえば、土器の場合には何らかの内容物を収めるという制約のために、比較的平たい底面が存在したり上下軸が明瞭であったりする場合が多い。こうした特徴的な構造が標本間で一致するように整列する。こうしていったん整列できれば、あとは輪郭上のパラメータを固定し輪郭ベースの解析を実行できる。

もちろん「はじめから標識点ベース形態測定学をもちいればよいのではないか？」という疑問も生じるだろう。利用する手法の選択は、多くの場合どちらのデータがより容易に取得できるか、

上・下といった情報はない。楕円フーリエ解析においては「どのパラメータ領域が対象のどの部位に対応するか」という情報は明示的に取り込まれていないのである。しかし、土器が器である以上、上下があると考えるのが普通だろう。この幾何学的な特性と対象の事前知識の対応関係が資料により異なる。それが著しい場合に問題が可視化されるわけだ。

以下では、こうした問題を回避するため事前知識により位置合わせを行う状況を考えよう。

4.3　輪郭形状のサイズ規格化

サイズとは何かという根本的な問題とも関わるが、解析対象により何をサイズとするのがよいか選択の余地がある。たとえば、線分を考える場合なら長さをサイズとしてもよさそうだ。しかし、長方形を考えた場合には長辺あるいは短辺の長さをサイズとするか、面積をサイズとするか悩むのではないだろうか。正解はない。この判断は知りたい現象の成因や事前知識に依存する。たとえば、ある横長の土器があったとしよう。従来、このタイプの土器のサイズは高さで測られてきたとする。従来の研究との整合性や比較を行いたい場合、高さを利用し規格化することがよさそうだ。しかし、楕円長軸による規格化を行った場合、高さではなくむしろ横幅で規格化が行われることとなる。また、土器の容積で規格化することも可能であろう。いずれにせよ、その後の楕円フーリエ解析は可能である。しかし、形状データが分布する形状空間が等価ではないであろうことは考慮しておく必要がある。

もう一つが向きの問題である。

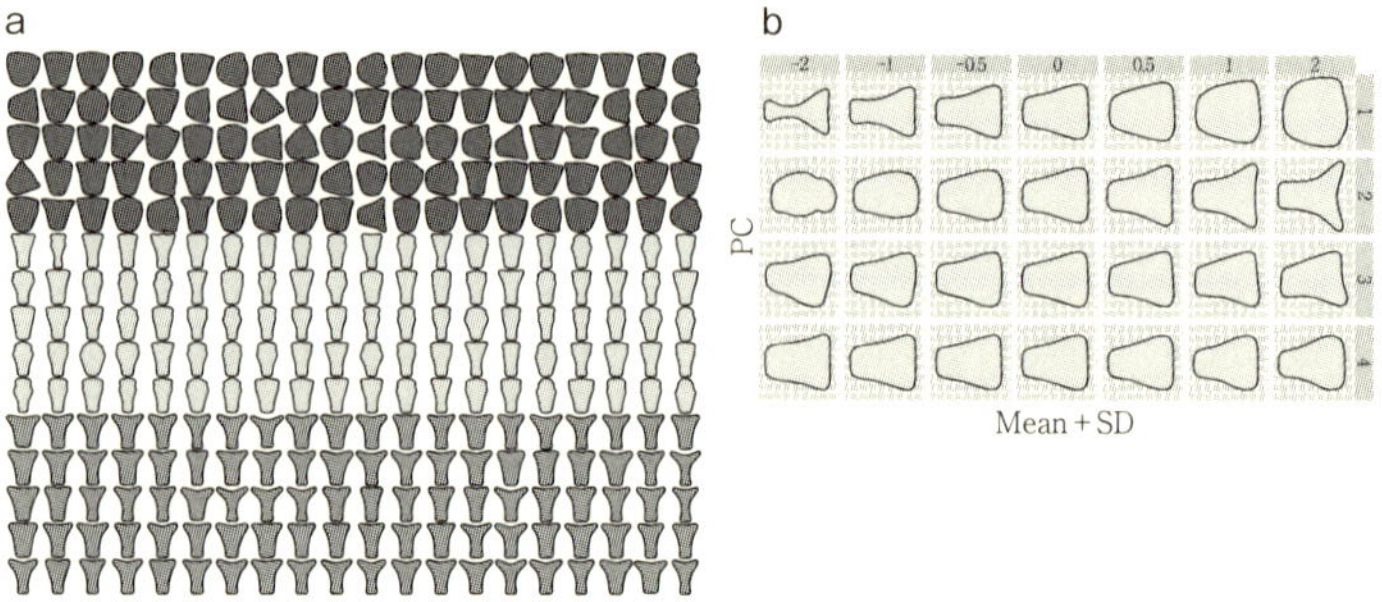

図8　長軸での位置合わせ

a. 図7.aと同じデータセットに対して長軸での位置合わせを行った結果。長軸と短軸の差が少ないType1の土器で事前知識に適合しない向き合わせが実行されていることがわかる。

b. 長軸位置合わせを行った場合の第1～4主成分に沿った輪郭形状の変化。図7.bとは異なる結果が得られている。

らかの事前知識により位置合わせを行えば、相同性やサイズをどのように定義するかという問題と向き合うことになる。

これは、標識点ベース形態測定学に比べ、輪郭ベース形態測定学では相同性を明示的に定義していない点に起因すると考えられる。その結果、輪郭データを純粋な幾何学的対象として見るか、何らかの（考古学的・生物学的）背景をもった対象として見るかという点で混乱が生じやすい。

輪郭データそれ自体はもちろん純粋な幾何学的対象であるが、あくまでも何らかの興味ある対象の極端な描像である。たとえば土器の輪郭データを考えてみよう。これはただの閉曲線だ。これが何らかの関数でモデル化されていると考えてもスタート地点（$t=0$）の定義とその輪郭の弧長（T）があるだけだ。どちらが

4.1　標識点データの欠損値

すべての標本に同じ標識点が存在するというのが、標識点ベース形態測定学を行う上での前提条件であった。もちろん、そもそも何らかの意味で相同な標識点をすべての標本に対して定義できない場合、その標識点の定義は解析を行おうとする対象にあっていないため再考すべきである。しかし、標本の保存状況やデータ収集プロセスにおいてデータが欠損している（たとえば、解析対象の土器の一部が欠けている）場合はいくつかの対処法が存在する。たとえば、

薄板スプラインに基づく方法（Gunz *et al.* 2009）

重回帰に基づく方法（Gunz *et al.* 2009; Claude 2008）

対称性を利用する方法（Claude 2008）

などが知られている。

いずれの場合であれ、何らかの形状とその変化のモデルを利用することに変わりはない。

geomorphには欠損した標識点データを推定するestimate.missing関数があり、薄板スプラインと重回帰に基づく方法が実装されている。くわしくは、Gunz *et al.*（2009）とClaude（2008）を参照してほしい。

4.2　楕円フーリエ解析の事前知識に基づく位置合わせ

楕円フーリエ解析における位置合わせには課題が多い。たとえば、解析の対象として縦長のものと横長のものが含まれている場合、長軸による位置合わせを行った結果として興味ある対象の事前知識に沿わない位置合わせが実行されることがある（図8）。何

```
# 可視化
plot(vEarthware.pca, "type")
# 第2主成分と第3主成分のなす平面へのプロット
plot(vEarthware.pca, "type", xax = 2, yax = 3)
```

関数PCAで実行できる。結果は、PCAクラス（Rのprcompクラスの Momocs 独自拡張）のオブジェクトに格納される。各主成分の寄与率はPCcontrib関数で計算できる（図7.b）。主成分スコアを各軸にとったプロットはplot関数にPCAクラスのオブジェクトを渡せばよい（図7.c）。また、プロットにもちいる主成分はxaxとyaxオプションで選択できる。たとえば、第2主成分と第3主成分を指定した場合、図7.dのように表示される。

4　実際の解析に向けて

ここまで、幾何学的形態測定学の二大流派である標識点ベース形態測定学、そして輪郭ベース形態測定学の主要な解析方法である一般化プロクラステス解析と楕円フーリエ解析について説明してきた。これまで見てきたように、これらの手法はある程度確立されているものの、実際のところ利用者はそれほど多くない。その原因は、実際の解析を行うときに出会うさまざまな問題に対して普遍的な解決方法がないためと考えられる。というのも、紹介した両手法は決まりきった解析ルーチンではなくモデリングの枠組みだからだ。実際の解析を行う上で出会う、もしくは疑問に思うかもしれない点をいくつか紹介して本補遺を終えることにする。

れている。これらのデータはすでに位置合わせ済みとする。

Momocsにおいて閉曲線の座標データはOutオブジェクトという専用のオブジェクトとして扱われる。vEarthwareはOutオブジェクトである。

楕円フーリエ解析と主成分分析

efourier関数で楕円フーリエ解析を実行する。

```
# 楕円フーリエ解析（30次までの調和関数を利用）
vEarthware.efc <- efourier(vEarthware, 30, norm = FALSE)
# フーリエ係数の表示
vEarthware.efc$coe
```

二つめの引数でフーリエ級数の何次までを利用するかを指定している。今回は最初の30次までフーリエ係数を取得している。そのためデータの次元は30×4＝120となる。また、vEarthwareのデータはあらかじめ位置合わせを行っているため楕円フーリエ記述子を得た後の位置合わせは行わない（norm = FALSE）。各フーリエ係数はvEarthware.efc$coeに含まれていることがわかる。

フーリエ解析の結果は専用のOutCoeオブジェクトに格納される。とくにフーリエ係数はOutCoe$Coe（matrix型）に格納されている。

計算されたフーリエ係数を主成分分析して可視化してみよう。

```
# 主成分分析
vEarthware.pca <- PCA(vEarthware.efc)
# 寄与率のプロット
PCcontrib(vEarthware.pca)
```

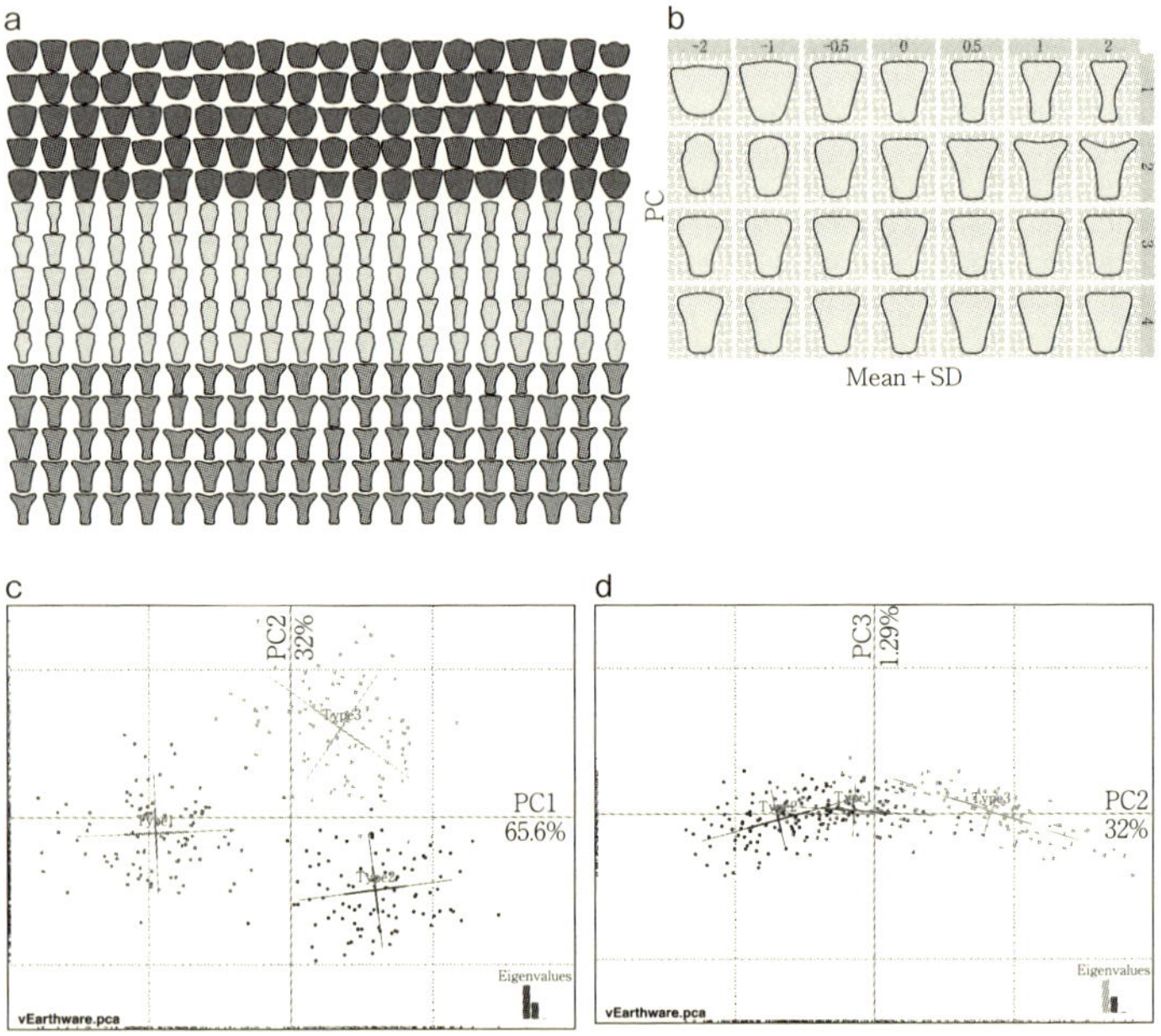

図 7　土器形状の楕円フーリエ解析の例

a. 仮想的に生成した土器形状データセット。「vEarthware.RData」に保存されている。b. 第 1 ～ 4 主成分に沿った輪郭形状の変化。vEarthware に含まれるデータの場合、第 1 主成分は小鉢状から深鉢状への変化に、第 2 主成分は口縁部の形状それぞれの変化に対応している。c. 仮想土器形状の主成分分析の結果。第 1 主成分 - 第 2 主成分の空間中で三つのクラスターを形成していることがわかる。d. 仮想土器形状の主成分分析の結果。第 2 主成分および第 3 主成分。

利用方法を紹介しよう。GitHubレポジトリからダウンロードしたサンプル（CultEvolAppendix）の中に、Rコード（efa.R）とデータ（data/vEarthware.RData）があるのでこれらをもちいる。

準備

Rの Momocs（Bonhomme *et al.* 2014）を利用し輪郭形状解析を行う。MomocsはCRANから導入可能だが、現在（2017年4月）も開発が進んでいるため最新版をビルドすることが推奨されている。

```
# MomocsをGitHubから導入
devtools::install_github("vbonhomme/Momocs",
build_vignettes = TRUE)
# Momocsのロード
library(Momocs)
```

データの読み込みと表示

仮想的に生成した土器の輪郭形状データ（vEarthware.RData）を利用し、解析を行ってみよう。三つのタイプの土器形状が含まれている。データの読み込み一覧を表示する（図7.a）。

```
# データの読み込み
load("./data/vEarthware.RData")
# 一覧の表示
panel(vEarthware, fac = "type", names = TRUE)
```

fac="type"オプションによりそれぞれのタイプが異なる色で表示される。各タイプごとに100資料ずつ土器の輪郭形状が収録さ

$$s = \sqrt{a^{*2} + c^{*2}}$$

$$\begin{pmatrix} a^* \\ b^* \end{pmatrix} = \begin{pmatrix} a_1 & b_1 \\ c_1 & d_1 \end{pmatrix} \begin{pmatrix} \cos\phi \\ \sin\phi \end{pmatrix}$$

$$\theta = \tan^{-1}\frac{c^*}{a^*}$$

である。この場合、規格化された楕円フーリエ記述子の自由度は $4n-3(A_1=1, B_1=0, C_1=0)$ になる。

汎用性が高くよい方法に思えるが、対象の形態的多様性が高い場合しばしば問題が生じる。たとえば、縦長の土器と横長の土器が混在する場合にすべて長軸方向に整列してしまうなど、興味ある対象の事前知識に沿わない位置合わせが実行されることがある。そうした場合は、楕円フーリエ解析を実施する前にあらかじめ位置合わせを行い、楕円フーリエ解析実施後の位置合わせを行わないといった対処がなされる（くわしくは4.2節「楕円フーリエ解析の事前知識に基づく位置合わせ」参照)。

3.5　主成分分析による次元圧縮と可視化

標識点ベース形態測定学の場合と同様に、輪郭の形状データも高次元に分布する（$\approx 4n$ 次元)。また楕円フーリエ解析の場合、x 座標と y 座標それぞれについてフーリエ級数展開するため、得られるフーリエ係数はそれぞれ独立ではない。そのため主成分分析などにより次元圧縮をすることが多い。

3.6 土器の解析例

土器の輪郭データに対する解析例を示し、楕円フーリエ解析の

$(a_1, a_2, \cdots, a_n, b_1, b_2, \cdots, b_n, c_1, c_2, \cdots, c_n, d_1, d_2, \cdots, d_n)$という、長さ$4n$のベクトルで表現できる。$a_0$と$c_0$はそれぞれ$x$座標および$y$座標の平均となり、輪郭の位置の情報をもつ。そのため、これらの情報を取り除くことで位置規格化することが多い。

3.4　楕円フーリエ解析における位置合わせ

位置合わせ（registration）とは、輪郭形状間の位置や向き・サイズを規格化すること、すなわち形状を得ることである。しかし、標識点ベース形態測定学ではその処理プロセスが整備されていたのに対し、輪郭ベース形態測定学の場合にはその実行タイミングや方法が（いくつか“お決まり”の方法はあるものの）対象依存である。

ここでは“お決まり”の解析手順である「楕円フーリエ記述子を得た後に位置合わせ」を紹介する。すでに楕円フーリエ記述子$(a_1, a_2, \cdots, a_n, b_1, b_2, \cdots, b_n, c_1, c_2, \cdots, c_n, d_1, d_2, \cdots, d_n)$が得られているとしよう。前述の通り、位置情報は$a_0$, c_0として除去されている。“お決まり”の方法では楕円フーリエ記述子による第1次までの近似が楕円となる性質を利用する。すなわち、第1次のフーリエ係数までで近似した楕円の長軸の向きと長さで向きとサイズを規格化する（図6.e）。式にすると、

$$\begin{pmatrix} A_i & B_i \\ C_i & D_i \end{pmatrix} = \frac{1}{s}\begin{pmatrix} \cos\phi & \sin\phi \\ -\sin\phi & \cos\phi \end{pmatrix}\begin{pmatrix} a_i & b_i \\ c_i & d_i \end{pmatrix}\begin{pmatrix} \cos i\theta & -\sin i\theta \\ \sin i\theta & \cos i\theta \end{pmatrix}$$

ただし

$$\phi = \frac{1}{2}\arctan\frac{2(a_1 b_1 + c_1 d_1)}{a_1^2 + c_1^2 - b_1^2 - d_1^2} \bmod \pi$$

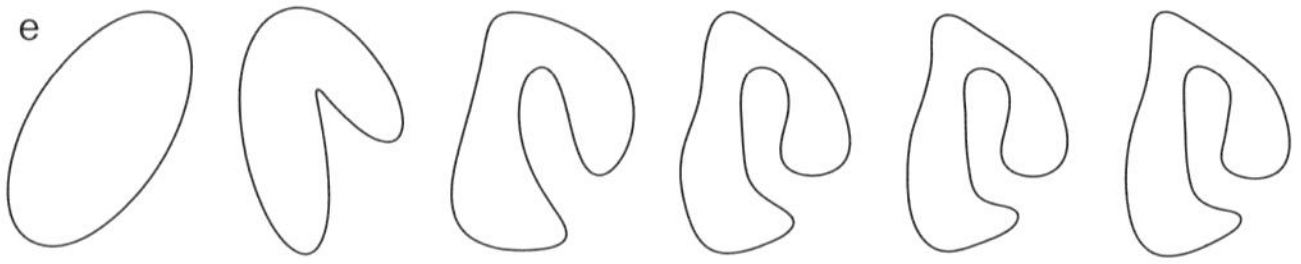

図6　輪郭ベース形態測定学，特に楕円フーリエ解析の例
a, b（左頁）. 極フーリエ記述子により定量化できる輪郭形状。偏角に対する動径を連続な関数とみなせる。c（左頁）. 極フーリエ記述子により定量化できない輪郭形状。原点と輪郭上の点を結ぶ線分が、輪郭の他の部位と交わる場合には偏角に対する動径は多価関数となる。d（左頁）. 楕円フーリエ記述子。輪郭に沿ったパラメータに対する x 座標と y 座標をそれぞれ個別の関数としてモデル化する。e. 逆フーリエ変換による輪郭形状の再構築。楕円フーリエ記述子により定量化されたデータ（フーリエ係数）から逆に輪郭形状を再構築できる。フーリエ係数のどの次数 n までを利用するかにより輪郭形状の解像度が異なる。とくに $n=1$ のときは、楕円近似となる。

まず、対象の輪郭の x 座標と y 座標がそれぞれ弧長パラメータ t により $\mathbf{x}(t)=(x(t), y(t))$ と表せるとしよう。また、$\mathbf{x}(t)$ は単純閉曲線とする。このとき $x(t)$ と $y(t)$ はそれぞれ

$$x(t)=\frac{a_0}{2}+\sum_{i=1}^{\infty}a_i\cos(i\omega t)+\sum_{i=1}^{\infty}b_i\sin(i\omega t)$$

$$y(t)=\frac{c_0}{2}+\sum_{i=1}^{\infty}c_i\cos(i\omega t)+\sum_{i=1}^{\infty}d_i\sin(i\omega t)$$

とフーリエ級数展開できる。

T を輪郭一周分の長さとすれば $\omega=\dfrac{2\pi}{T}$ である。楕円フーリエ記述子によるモデル化とは、このフーリエ級数の適当な次数までで輪郭を近似することである。結果として、特定の輪郭形状は

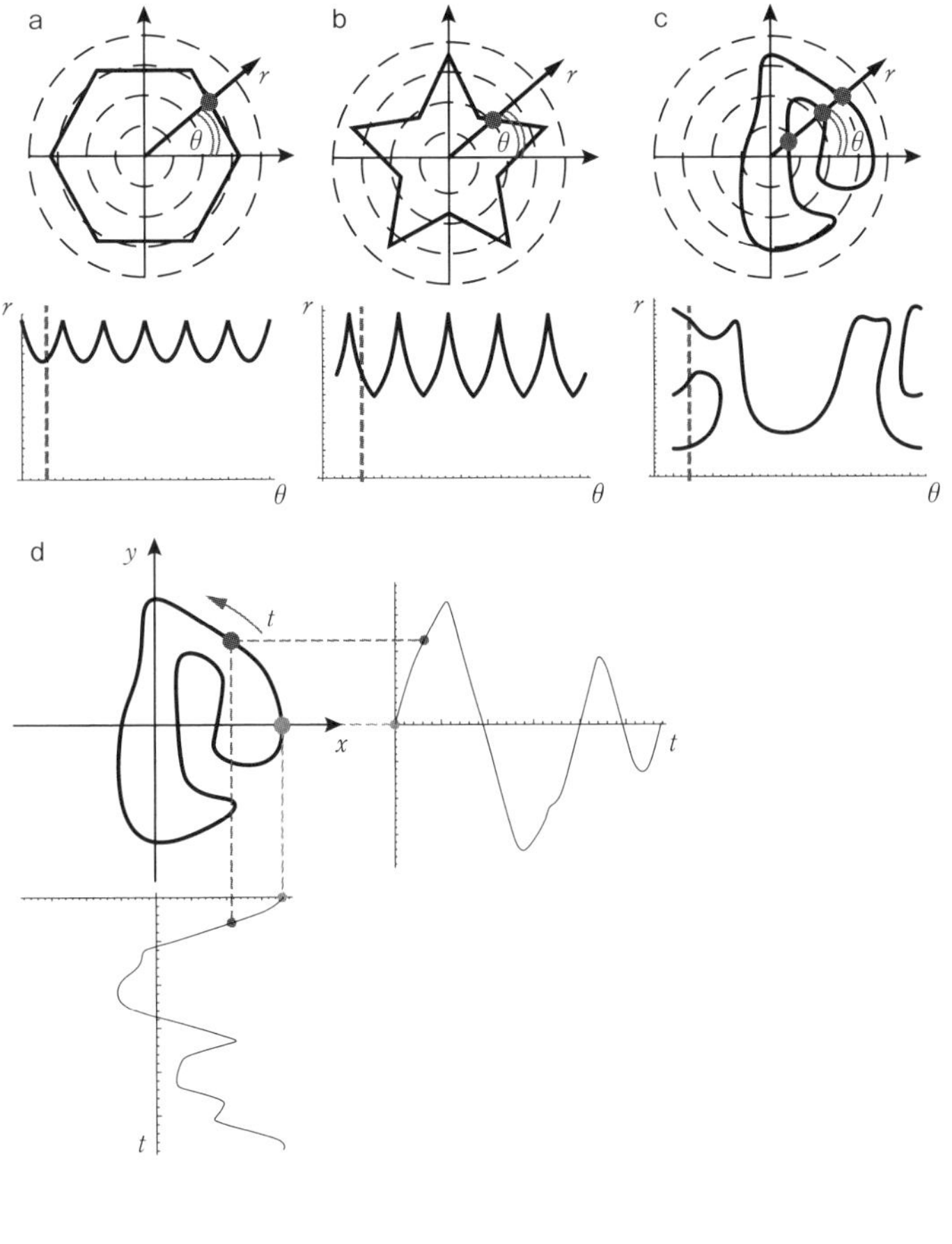

ラメータとして、曲線の距離である弧長パラメータがもちいられる。ここでも弧長パラメータを採用する。

の線分が輪郭の他の部位と交わらない）場合、極座標（通常の x, y 軸による直交座標系に対して原点からの距離（動径）と向き（偏角）による座標系）を考えれば動径は偏角に関する周期関数で記述できる（図 6.a, b）。この関数は連続な周期関数のためフーリエ級数に展開できる。

$$r(\theta)=\frac{a_0}{2}+\sum_{i=1}^{\infty}a_i\cos(i\theta)+\sum_{i=1}^{\infty}b_i\sin(i\theta)$$

フーリエ級数の係数（フーリエ係数）を有限個もちいることでモデルのパラメータとして利用する。これが極フーリエ記述子によるモデル化である。

極フーリエ記述子が利用できないケースもある。原点から輪郭上の点への線分が輪郭の他の部分と交わる場合、モデル化に利用した関数が多価関数（一つの入力に対して複数の出力が対応する関数）になってしまう（図 6.c）。この場合、フーリエ級数に展開することはできないため極フーリエ記述子は利用できない。一つの解決法は、輪郭に沿った何らかのパラメータに対する x 座標と y 座標をそれぞれ個別の関数でモデル化することである。これが楕円フーリエ記述子のアイディアになる。

3.2　楕円フーリエ記述子

極フーリエ記述子の場合、輪郭形状は偏角に対する動径の変化を関数としてモデル化された。楕円フーリエ解析では輪郭に沿った適当なパラメータに対する x 座標と y 座標をそれぞれ個別の関数でモデル化する（Kuhl and Giardina 1982）。これにより輪郭が閉曲線であればモデル化できる（図 6.d）。通常、輪郭に沿ったパよる定量化を簡単に紹介し、極フーリエ記述子が適用できない場合の拡張として楕円フーリエ記述子の解説を行う。さきほどの標識点ベース形態測定学の場合と同様、解析のみを行いたい場合は、3.1節から3.5節までを飛ばしてもらってもかまわない。

3.1　フーリエ級数展開と極フーリエ記述子

ある関数を少数の数の組で表現したいとしよう。たとえば、1次関数$f(x)=ax+b$は二つのパラメータa, bによって完全に記述できる。aは1次関数の傾きを、bはその切片を表す。同様に、2次関数、3次関数、……と多項式関数はその次数+1の数の組で表現できる。三角関数の場合にも、$f(t)=a\sin(\omega t-\phi)$を考えれば、振幅$a$、角周波数$\omega$、初期位相$\phi$と三つのパラメータで正弦波を記述できる。

このように、比較的シンプルな関数ならば少数の数字の組で表現できる。しかし、一般の関数は無限の次元をもつため、完全に記述しようとすると無限個のパラメータが必要になってしまう。フーリエ級数展開は複雑な周期関数を以下のようにシンプルな三角関数の無限級数として表現する方法である。

$$f(t)=\frac{a_0}{2}+\sum_{i=1}^{\infty}a_i\cos(i\omega t)+\sum_{i=1}^{\infty}b_i\sin(i\omega t)$$

ここで周期をTとすれば角周波数$\omega=\dfrac{2\pi}{T}$である。不連続点を除けば、$i\rightarrow\infty$でフーリエ級数は$f(x)$に一様収束することが知られている。フーリエ級数展開のくわしい解説は、福田（1997）などを参照されたい。

もし対象の輪郭がそれほど複雑でない（原点から輪郭上の点へ

て、輪郭ベース形態測定学を説明しよう。輪郭とは、対象とそれ以外の境界のことである。たとえば、図 1 の三角形や、図 2.b のような大刀の画像も輪郭である。境界であるということは、線であり、なおかつ閉じているということを意味する。閉じているということは、輪郭上のある地点からスタートして、その輪郭に沿って進めば、スタート地点にまた戻ってくるということである。閉じていなければ、ある領域とそれ以外を分けることができない。輪郭ベース形態測定学では、何らかの関数で対象の輪郭をモデル化する。たとえば $f(x)=ax+b$ や、$f(x)=ax^2+bx+c$ のような式を目にしたことがあるだろう。これらが関数である。関数のグラフを書け、という課題を学校で出されたことはないだろうか。関数によって、できあがるグラフは異なる。たとえば、$x^2+y^2=1$ のグラフは原点を中心とする半径 1 の円である。このような円は輪郭である。円の内と外を分ける境界となっているからである。これが、関数で輪郭をモデル化するということである。

もちろん、多くの場合、解析対象の輪郭は円よりもはるかに複雑である。しかし、輪郭を関数で表すという感覚はつかめたことと思う。さて、複雑な輪郭が関数で表現できたとしても、あまりにも複雑、言い換えればパラメータが多ければ、その取り扱いは難しい。そこで、輪郭を表す複雑な関数を、比較的単純な関数を足し合わせたものとして表現するという方針がよくとられる。

ここでは、上記のような関数の足し合わせによって輪郭を表現する手法の一つであり、現時点で最もよく使われている輪郭ベース形態測定学的手法である楕円フーリエ解析について解説する。まずは、その準備としてフーリエ級数展開と極フーリエ記述子に主成分分析を実行してみよう。

```
# 主成分分析
PCA <- plotTangentSpace(face.gpa$coords, warpgrids =
FALSE)
```

plotTangentSpace関数は形状データを接空間へ射影し、その主成分軸に沿ったプロットを実行する。デフォルトでは第1主成分と第2主成分のなす平面へプロットする。実行すると、図5.cのように表示される。

```
# 第2主成分と第3主成分のなす平面へのプロット
plotTangentSpace(face.gpa$coords, axis1 = 2, axis2 = 3,
warpgrids = FALSE)
# 寄与率の計算
pvar <- (PCA$sdev^2)/(sum(PCA$sdev^2))
names(pvar) <- seq(1:length(pvar))
barplot(pvar, xlab = "Principal Components", ylab = "%
Variance")
```

任意の軸をaxis1とaxis2のオプションで設定できる。たとえば、第2主成分と第3主成分を指定した場合、図5.dのようにして結果が表示される。各主成分の寄与率は分散の比を計算することで求めることができる。結果をbarplot関数でプロットすると図5.eのようになる。

3　輪郭ベース形態測定学

次に、標識点ではなく輪郭（outline）を定量的に測る手法とし

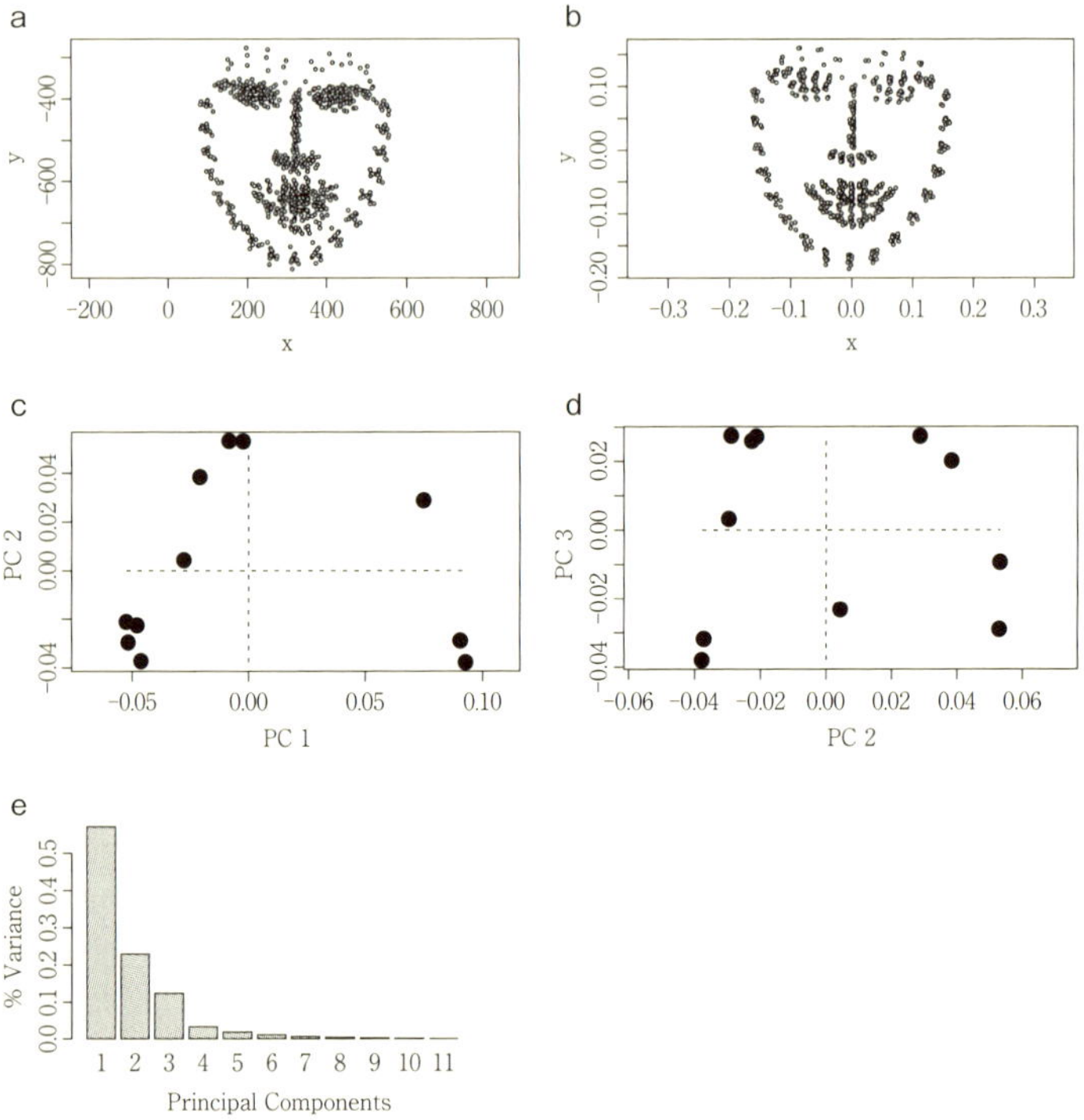

図 5　顔形状の一般化プロクラステス解析の例

a. 顔の標識点データセット。11 の表情のデータがプロットされている。データは「face.tps」に保存されている。b. プロクラステス重配置。c. 顔形状データの主成分分析。第 1 主成分（PC1）および第 2 主成分（PC2）。d. 顔形状データの主成分分析。第 2 主成分（PC2）および第 3 主成分（PC3）。e. 各主成分の寄与率。

データの読み込みと表示

顔の標識点データ（face.tps）を利用し、解析を行ってみよう。データはTPS形式で保存してあり11の表情が含まれている。データの読み込み一覧を表示する。

```
# データの読み込み
face<-readland.tps("./face/landmarks.tps", specID = "ID")
# 一覧の表示
plotAllSpecimens(face)
```

readland.tps関数でTPS形式のファイルを読み込む。specIDオプションによりどの項目にID情報を記述しているかを指定できる。標識点データはarray型で保存されており、標本あたり68の標識点が設定されている。plotAllSpecimens関数により、すべての資料の標識点を重ね合わせて表示できる（図5.a）。

```
# 一般化プロクラステス解析
face.gpa<- gpagen(face, PrinAxes=FALSE, Proj = FALSE)
# 情報の表示
summary(face.gpa)
# 可視化
plotAllSpecimens(face.gpa$coords, plot.param = list(pt.
cex=0.5, mean.cex=0.8))
```

gpagen関数により一般化プロクラステス解析を実行できる。結果はgpagenクラスのオブジェクトに格納されている。$coordsにより形状データへアクセスできる。図5.aと比較してそれぞれ対応する標識点が可能なかぎり近づくように再配置されていることが見て取れる（図5.b）。

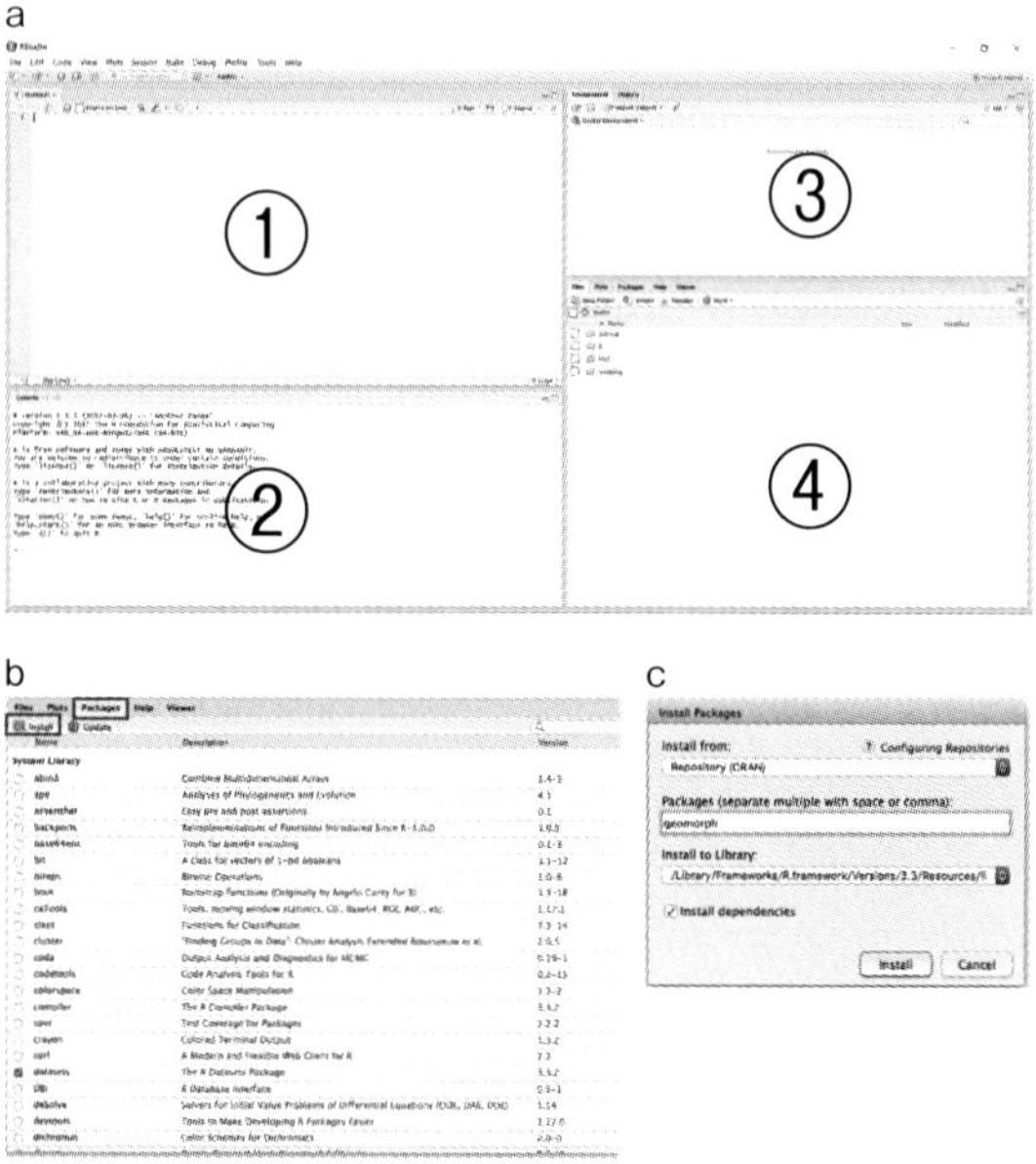

図 4　RStudio のインターフェース

a. RStudio ウィンドウ。① Source: R のソースファイルやノートブックなどのファイルを表示する。② Console: インタラクティブに操作可能なキャラクターベースのインターフェース。③ Environment/History: 変数やリストなどの情報を表示する Environment とこれまで console で実行してきたコードを記録している History のためのパネル。④ Files/Plots/Packages/Helps/Viewer: フォルダやファイルを表示する Files、出力される図を表示する Plot、パッケージや関数の説明が表示される Help などのためのパネル。

b. Packages タブ。インストールされているパッケージの一覧が表示される。インストールされていないパッケージを追加したい場合は Install ボタンをクリックし Install Packages ウィンドウを開く。

c. Install Packages ウィンドウ。Packages 欄にインストールしたいパッケージ名を入力し、Install ボタンをクリックすることでパッケージのインストールが実行される。複数のパッケージを一度にインストールしたい場合は、パッケージ名をカンマで区切り入力する。

される。大きく四つの領域（① Source、② Console、③ Environment/History、④ Files/Plots/Packages/Helps/Viewer）がある。①にはRのソースファイルやノートブックなどのファイルを表示される。②はインタラクティブに操作可能なキャラクターベースのインターフェースだ。試したいコードを気軽に打ち込み実行できる。③は変数やリストなどの情報を表示するEnvironmentとこれまでconsoleで実行してきたコードを記録しているHistoryのためのパネルになる。④はフォルダやファイルを表示するFiles、出力される図を表示するPlot、パッケージや関数の説明が表示されるHelpなどのためのパネルになる。とくにPlotやHelpは頻繁に利用することになるだろう。

パッケージの導入は、④のPackagesタブから行う（図4.b）。「Install」をクリックするとInstall Packagesウィンドウが表示される。PackagesにインストールしたいパッケージИ名を入力しInstallボタンをクリックすればインストールが実行される（図4.c）。

では早速解析に入ろう。

解析の準備

Rのgeomorphパッケージ（Adams & Otárola-Castillo 2013）を利用し一般化プロクラステス解析を行う。geomorphはCRANから導入可能である。

```
# geomorphのロード
library(geomorph)
```

比を寄与率といい各種成分がデータの分散の何％を説明するかを計算できる。たとえば、寄与率が40％の第1主成分と20％の第2主成分をそれぞれx軸，y軸にとればデータの変動の60％を説明できる平面をとることができる。

2.6 顔形状の解析例

ここでは、顔形状に対するデータの解析例を示す。GitHubレポジトリからダウンロードしたサンプル（CultEvolAppendix）の中に、Rコード（gpa.R）とデータ（data/face.tps）があるのでこれらをもちいる。

Rの準備

本章では、統計解析言語のR（R Core Team 2016）とその統合開発環境のRStudio（RStudio Team 2016）を利用して解析を行う。まずRをインストールしよう。

R本体やパッケージはComprehensive R Archive Network（CRAN）と呼ばれるWebサイト（https://cran.r-project.org/）からダウンロードできる。自分の利用しているOSに合わせてインストーラをダウンロード（Win: https://cran.r-project.org/bin/windows/base/，macOS: https://cran.r-project.org/bin/macosx/, Linuxは適切なパッケージマネージャーを利用）し、インストールしよう。

次にRStudioデスクトップ版のインストーラもhttps://www.rstudio.com/products/rstudio/download/からダウンロードし、インストールする。

では、RStudioを起動してみよう。図4.aのような画面が表示

3.f)。前節で、二つの防塁の距離をはかる例を出した。球面上にある線状のものの距離を測るということが、感覚的にわかるのではないだろうか。

2.5　Kendall 形状空間

こうして抽出された形状のデータは高次元の歪んだ空間に分布することになる。この形状が分布する空間を形状空間（shape space）と呼ぶ。

ここではまず形状空間そのものが可視化できる平面（$m=2$）上の三角形（$k=3$）のデータ（自由度=2）をみてみよう。図 3.g は三角形の Kendall 球面座標（Kendall's spherical coordinates for triangles）と呼ばれる半径 1/2 の球面とそこに座標づけられたあらゆる形状の三角形である。赤道上にはすべての標識点が一直線上に並んだ“三角形”が位置し、赤道面を挟んで北極側と南極側とが鏡像関係になっている。三角形の Kendall 球面座標の構築方法は Mardia（1989）や Dryden and Mardia（2016）にくわしい。

しかし、形状空間は次元 $(k-1)m-m(m-1)/2-1$ の非ユークリッド空間なので m が大きいとそのままでは可視化することが難しい。たとえば、2 次元標識点が 10 個配置されているデータは、16 次元の形状空間に分布することになる。そこで、主成分分析を利用してデータの次元を落とす（2 次元や 3 次元に情報を圧縮する）ことで可視化することがある。主成分分析では、座標軸を分散が大きい方向に取り直し、分散の大きい順に第 1 主成分、第 2 主成分、……とする。これによりデータの変動をよく説明する順番に座標系を取り直すことができる。また、これらの分散の

$$|\mathbf{x}_c| = \frac{1}{n}\sum_{i=1}^{n} x_{ci}$$

で与えられる。図心サイズで規格化された前形態

$$\mathbf{z}_c = \frac{\mathbf{x}_c}{|\mathbf{x}_c|}$$

を前形状（pre-shape）という。そのため前形状ベクトルのノルムは常に1となる。 結果として、これらのデータは前形状空間と呼ばれる次元（$k-1)m-1$で半径1の超球面（高次元空間中の球面）上に分布する（図3.e)。原点を中心とし、原点からの距離が1の点の集合は、2次元平面上では半径1の円であり（球面に対応するのは円周)、3次元平面上では半径1の球である。われわれは3次元以上を想像することはとても難しいが、超球はこれらを高次元に拡張したものである。

さて、前形状はいまだ向きの情報を含んでいる。つまり、前形状空間の上には向きを変える（対象をθ $(0 \leq \theta < 2\pi)$ だけ回転させる）ことでピタリと重なるかたちが無数に存在する。この「向きを変えればピタリと重なる無数の前形状の集合」を形状という。ある二つの形状の間に距離が定義できれば、これを形状の差を測るための量としてよさそうである。前形状空間上の二つの点（$\mathbf{z}_{c1}$, $\mathbf{z}_{c2}$）間の距離は測地線を考え、その測地線距離（ここでは大円距離）で測ることができる。回転に対するこの前形状空間は半径1の超球とみなせるので、2点と原点のなす角ρとすれば大円距離は$d(\mathbf{z}_{c1}, \mathbf{z}_{c2}) = \rho$となる。形状間の距離は$\mathbf{z}_{c1}$, $\mathbf{z}_{c2}$をそれぞれの形状の上でさまざまに変化させたとき得られる最小のρで与えられる。これをプロクラステス距離（Procrustes distance）という（図

合は一つのベクトルとみなすことができ、配置（configuration）と呼ばれる。

$$\mathbf{x}=(x_{11}, x_{12}, \cdots, x_{1k}, x_{21}, x_{22}, \cdots, x_{2k}, \cdots, x_{m1}, x_{m2}, \cdots, x_{mk})=(x_1, x_2, \cdots, x_n).$$

ここで解析したいのは形状であり、形状は平行移動・回転・拡大縮小のいずれによっても変わらない。しかし、配置には位置、サイズ、向きの情報も含まれているため、そうした情報を取り除かなければならない。本補遺のはじめの、三角形を重ね合わせる例を覚えているだろうか。あのとき、平行移動によって位置をあわせ、拡大縮小によって大きさをあわせ、回転によって向きをあわせる、という操作を頭の中で行ったことと思う。ここでも、位置、サイズ、向きの順番で操作を行う。まず位置を図心（centroid；標識点の平均位置）で規格化する。この操作は、各図形を平行移動させ、図心を原点にあわせることを意味している。

$$\mathbf{x}_{\mathrm{c}}=\mathbf{x}-\bar{\mathbf{x}}$$

$\mathbf{x}_{\mathrm{c}}$ を前形態（pre-form）という。

$$\bar{\mathbf{x}}=\left(\overbrace{\frac{1}{k}\sum_{i=1}^{k}x_{1i},\cdots,}^{k}\ \overbrace{\frac{1}{k}\sum_{i=1}^{n}x_{2i},\cdots,}^{k}\ \overbrace{\frac{1}{k}\sum_{i=1}^{n}x_{mi},\cdots}^{k}\right)$$

は標識点の平均位置を並べたベクトルである。位置を揃えたことで自由度（独立に選べる変数の数）が次元の分だけ下がる（自由度$=(k-1)m$）。平均位置が必ず原点になるという制約が加わったということだ。

次に図心サイズでサイズの規格化を行う。この操作は、前述した拡大・縮小に対応する。図心サイズは前形態 x_{c} のノルム（ベクトルの大きさ）

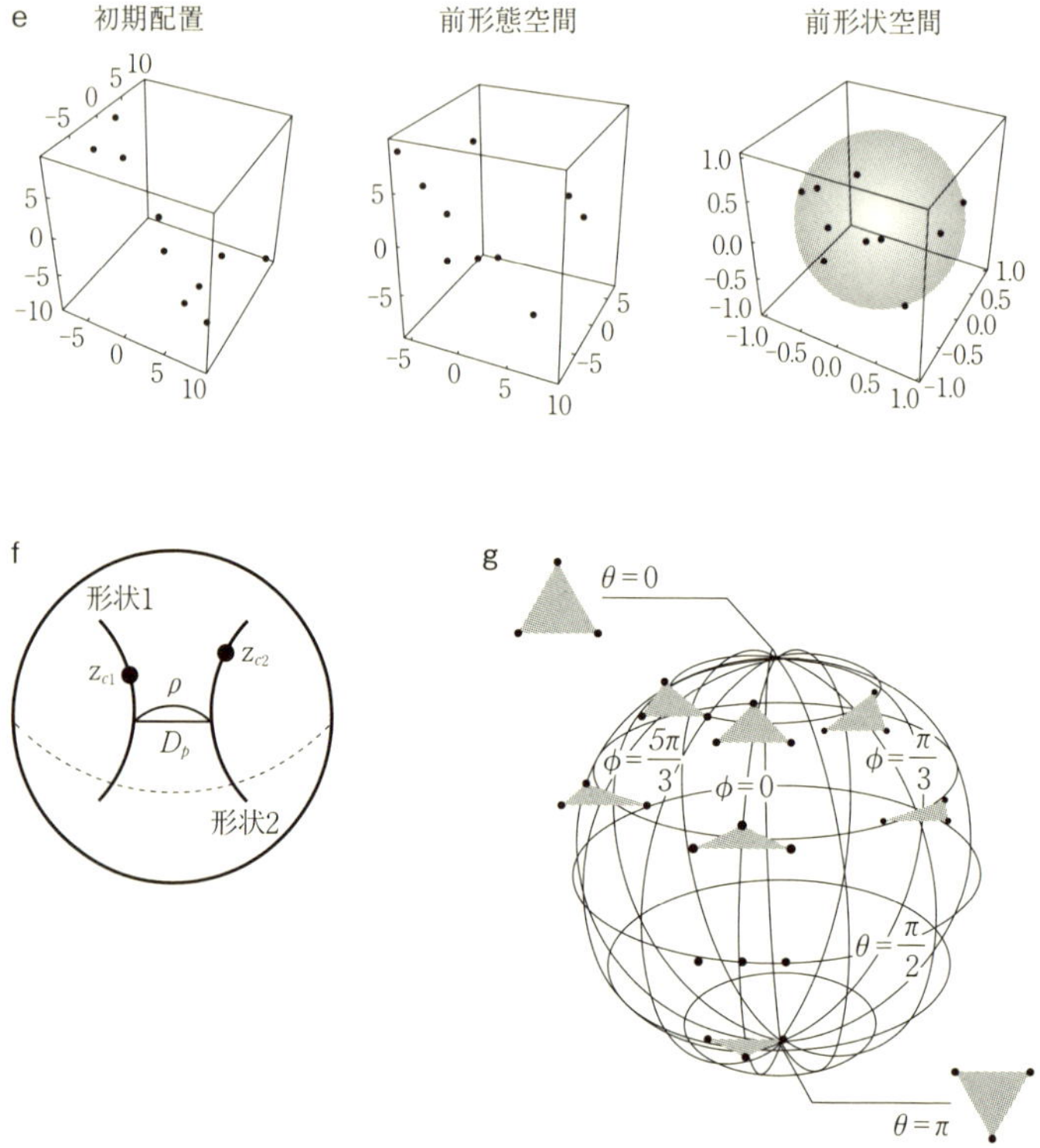

図3（つづき）

e. 左：初期配置。各点のそれぞれが一つの配置に対応する。自由度は km。中央：前形態空間。図心での規格化により配置空間から位置の情報を除去している。自由度は $(k-1)m$。右：前形状空間。図心サイズでの規格化によりサイズの情報も除去されている。自由度は $(k-1)m-1$。f. 三角形の前形状空間と Kendall 形状空間の関係。g. Kendall の三角形形状座標。平面（次元 $m-2$）上に存在する三角形（標識点数 $k=3$）の形状空間は自由度 $(k-1)m-m(m-1)/2-1=2$ で、その形状空間は半径 1/2 の球と等価となる。ここでは半径 1/2 の球上に三角形を座標づけている。

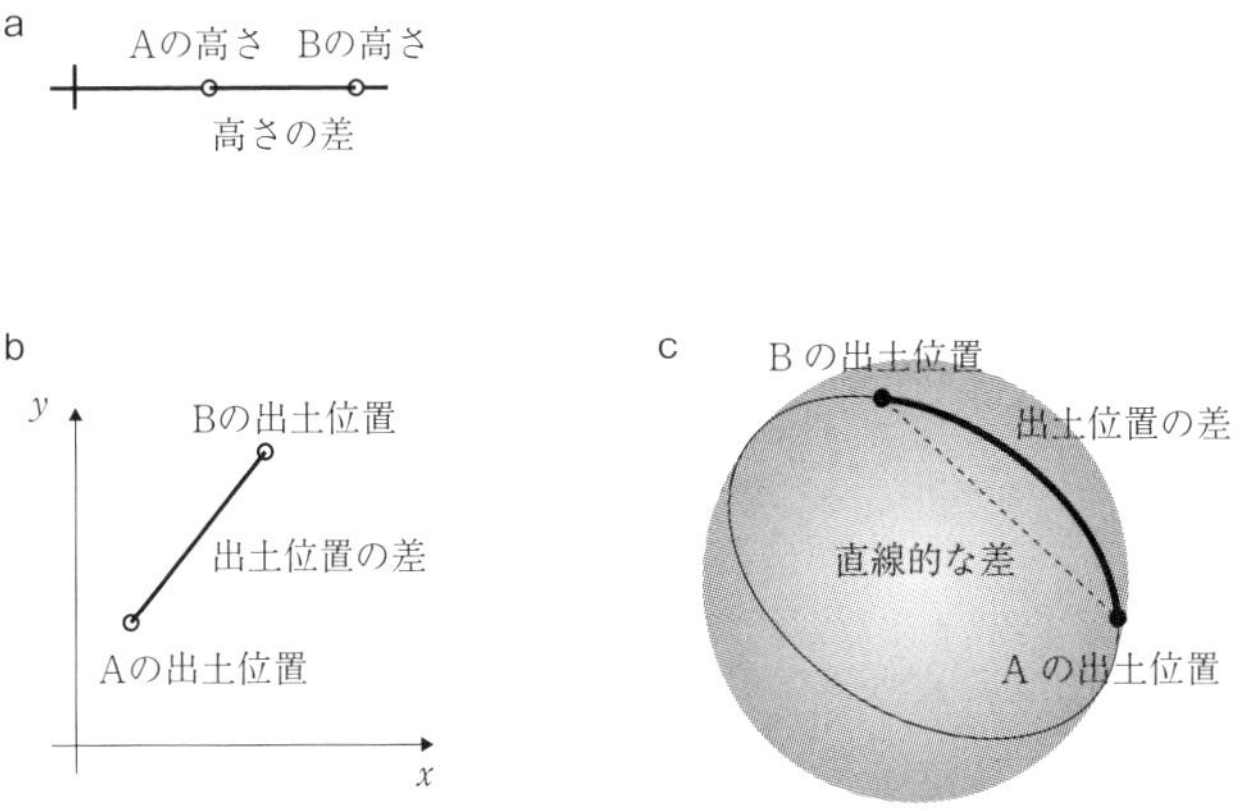

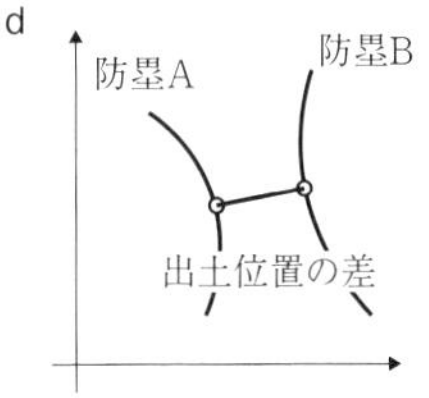

図3　標識点ベース形態測定学
a. 資料間の高さの差。数直線で表せる。 b. 平面上での資料間の出土位置の差。直交座標系で表せる。c. 球面上の資料間の出土位置の差。差は大円距離で測られる。 d. 防塁間の出土位置の差。二つの曲線間の最小距離で測ることができる。

ある（図3.d）。

実は、形状のデータはこのような性質をもっている。形状データは線上の構造として（高次元の）球面上に分布するのだ。具体的に見ていこう。

2.4　配置、前形態、前形状、形状

次元 m、標識点数 k とし、$n=mk$ とする。標識点の座標の集

次節ではより数学的にこの空間と距離について説明していく。しかしその前に、この「距離」が、さきほどの例で紹介したような「2点間を直線で結ぶ」という直感的なものではない場合もあることを説明しよう。

ここでは例として、二つの資料AとBの出土位置がデータである場合を考えよう。資料AとBが同じ遺跡から出土した土器とすればデータは地図上にマッピングでき、データはベクトルで、Aの位置$=(x_A, y_A)$、Bの位置$=(x_B, y_B)$と表せる（図3.b)。出土位置の差はベクトルの引き算で$\mathbf{x}_d=(x_A, y_A)-(x_B, y_B)$で求めることができる。$\mathbf{x}_d$は位置の差ベクトルである。もし資料AとBがどれだけ離れた場所から出土したかが知りたければこの差ベクトルの大きさ（ノルム）を$|\mathbf{x}_d|=\sqrt{(x_A-x_B)^2+(y_A-y_B)^2}$と計算する。$(x_A, y_A)=(1, 3)$、$(x_B, y_B)=(4, 7)$ならば$|\mathbf{x}_d|=5$(m)で、これが出土位置の差になる。しかし、資料AとBがとても離れた位置（たとえば日本とヨーロッパ）から出土している場合、問題が生じる。なぜなら地球の表面は平面ではなく曲面だからである。通常、地球上の2点間の緯度と経度が与えられた場合、その差ベクトルの大きさを計算してもそれは過小評価になっている（図3.c)。解決方法は、地球の表面で距離を考えることだ。地球を球で近似するとその表面上で2点を通る大円の劣弧（短い方）の長さが2点間の地球表面上での最短距離になる。これが出土位置の差になる。では、防塁の出土位置の差となるとどうだろう？　防塁は線状に配置された構造のためどことどこの座標を比べればよいか明らかではない。一つの方策は、それぞれの防塁上の1地点同士で距離を測ったときに、最小となった距離を防塁間の距離とすることで

詳細は次節にゆずるが、もう少し具体的に説明しよう。数直線や方眼紙を想像してみてほしい。それらの上に適当に二つの点をとるとする。そのとき、数直線であれば数値を一つ決めればよいし、方眼紙であれば（そして無限に大きな方眼紙なら）、数値を二つ決めればよい（数直線のように値を一つ決めれば位置が決まる場合を１次元、方眼紙のように値を二つ決めれば位置が決まる場合を２次元という）。２点間の距離は、それらを結ぶ線分の長さによって与えられる。さてここでは、適当に２点の位置を決めた。しかし、実際には、その２点をおくことのできる位置は無数にある。そして、どんな数値であっても、数直線や方眼紙の上におくことができる。つまり、「ありうる点」は、数直線や方眼紙の上に無数に存在しているのである。

次に、実際のデータを空間に位置づける場合を考えてみよう。土器ＡとＢがあったとして、もしデータが「土器の高さ」であれば、それらを数直線で表すことができる（図3.a）。ＡとＢの違いを知りたいのであれば、高さの差は引き算で求めることができる。Ａの高さ－Ｂの高さ＝5(cm)という具合だ。これは数直線上の２点間の距離である。もう一つ大事なのは、どんな土器であっても、その高さを数直線上に位置づけられるということである。言い換えれば、数直線上には、ありうる土器の高さがすべて存在している、ともいえる。そして、データはそのなかのごく一部である。

なんとなく、「かたち」の空間のイメージができただろうか。繰り返すが、「かたち」の空間には、（ある制約の下で）ありうる無数のかたちが存在しており、それらの間の距離が定まっている。

(generalized Procrustes analysis) に必要な知識にとどめて紹介する。詳細な説明は Kendall *et al.* (2009) や Dryden and Mardia (2016) を参照してほしい。以下では、

- ・形状間の差をプロクラステス距離 (Procrustes distance) で測ることができる
- ・形状は形状空間と呼ばれる高次元の非ユークリッド空間に分布する

ことについて触れる。もし理論的背景を気にせず、とにかく R で解析だけを行ってみたいという方は、2.3 節から 2.5 節までを飛ばしてもらってかまわない。しかしできれば、次節だけでも簡単に目を通してもらうとより理解が深まるだろう。

2.3 「差」の測り方と形状データの性質

これまで標識点について説明してきたが、もう一度目的に立ち返ろう。われわれの目的は、資料の「かたち」を定量的に比較することである。定量的に比較するとは、乱暴な言い方をしてしまえば二つの資料の間の「距離」、すなわち違う度合いを一つの数値として決めてしまうことといえるだろう。これから、「空間」という用語が繰り返し現れる。ここでいう空間は、われわれが日常使っている意味とは異なっている。ここで扱うのは、「かたち」の空間である。その「かたち」の空間には、(ある制約の下で) ありうる「かたち」が無数に存在している。そして手持ちの資料の「かたち」は、その空間のどこかに位置づけることができる。「かたち」を空間の中に位置づけられるということは、空間内の距離によって、「かたち」の違いが表せるということでもある。

タイプⅡ：最大曲率点や形態形成の最大点（鉤爪・カニなどのハサミの端点、骨の筋部着部など）

タイプⅢ：端点（直径の端点、図心、ある部位の最遠点など）

また、

準標識点（semi-landmark）：曲線状に位置し、他の対応づく曲線方向へ接空間上を短い距離だけ曲線から外れてずれることができる点

として知られる標識点のタイプがある（Bookstein 1996; Bookstein 1997a）（注1）。輪郭形状を標識点ベース形態測定学の枠組みで解析するためにもちいられる。

先に挙げた二つの標識点の分類それぞれについて各分類項目は排反ではない。たとえば、科学的標識点かつ数学的標識点である標識点は存在するだろう。先に挙げた上田（1963）のP点は、科学的標識点かつ擬標識点といえる。これらの分類は絶対的なものではないが、自身で標識点を設定する場合にそれがどのようなタイプか考えることは有用だ。知りたい現象に対してどのタイプの標識点を採用するほうがよいか一定の指針を与えてくれる。

標識点の設定は、標識点ベース形態測定学における「かたちのモデリング」そのものだ。どこにどのタイプの標識点をいくつ設定するかによってモデル（解析者の頭の中にある仮定）が実際の標本と結びつくのである。

2.2　形状理論

標識点ベース形態測定学の数学的な基礎は、主に「形状理論」として体系化されている。ここでは、一般化プロクラステス解析

Dryden and Mardia（2016）によれば、標識点は三つの基本的なタイプに分けることができる。

- 科学的標識点（scientific landmark）：何らかの科学的知見に基づきある種の専門家により設定された点（目尻・目頭、頭骨の縫合線の接合点など）
- 数学的標識点（mathematical landmark）：対象の数学的・幾何学的性質に従って設定された点（曲率の高い点、端点など）
- 擬標識点（pseudo-landmark）：輪郭の周りや科学的・数学的標識点の間などに配置された点（輪郭に沿って等間隔に配置された点など）

科学的標識点は対象に対する事前情報を利用した標識点であり、考古学的な知見もしくは問いに由来する。古墳を例にとると、墳丘形態を特徴づける部位や、上田（1963）のＰ点（図3.2; 墳丘上に実在する点ではないが、築造上重要な可能性がある点）が科学的標識点といえる。数学的標識点は科学的興味とは独立にその幾何学的側面のみに注目し設定される。この標識点は、該当分野や対象に対する知識を必要としないため客観性が担保しやすく、画像解析などとの親和性が高いと思われる。擬標識点は点的な構造以外へも標識点を配置しようという取り組みで、連続的な曲線や曲面、ボリュームを離散的な（比較的整列した）点の集合で近似する。

生物学における標識点の分類として有名なのはBookstein（1997b）による分類だろう。Bookstein（1997b）によれば、標識点は以下の３タイプに分けることができる。

- タイプⅠ：形態構造の接する点（頭骨の縫合線の接合点、木構造の分岐点など）

べると解析手順が整備されているとは言い難い。狭義には標識点ベース形態測定学を幾何学的形態測定学と呼ぶ場合もあるが、本補遺では輪郭ベース形態測定学も、幾何学的形態測定学に含めることとする。

本補遺では、これら二大流派についての解説を行った後、R言語とそのパッケージであるgeomorphおよびMomocsを利用した解析の流れを例示する。具体的なプログラムの例を知りたい場合、標識点ベース形態測定学については2.6節を、輪郭ベース形態測定学については3.6節を参照してほしい。また、サンプルコードとデータはGitHubレポジトリ（https://github.com/noshita/CultEvolAppendix）よりダウンロード可能である。実際に幾何学的形態測定学の手法を利用した考古学研究の例としては、本書の第2章、第3章などを参照されたい。

2　標識点ベース形態測定学

2.1　標識点と相同性

標識点とは、対象間で対応する特徴的な点のことで、標識点ベース形態測定学では標識点の集合により対象のかたちをモデル化する。標識点の選び方は検証したい仮説によって異なるが、「対象間で対応する」ためには比較しようとしているすべての標本に同じ標識点が存在する必要があるだろう（標識点が欠損している場合の解析については4.1節を参照）。どのような場所に標識点を設定すべきかは知りたい現象により異なるが、指針としてDryden and Mardia（2016）とBookstein（1997b）の分類を紹介しよう。

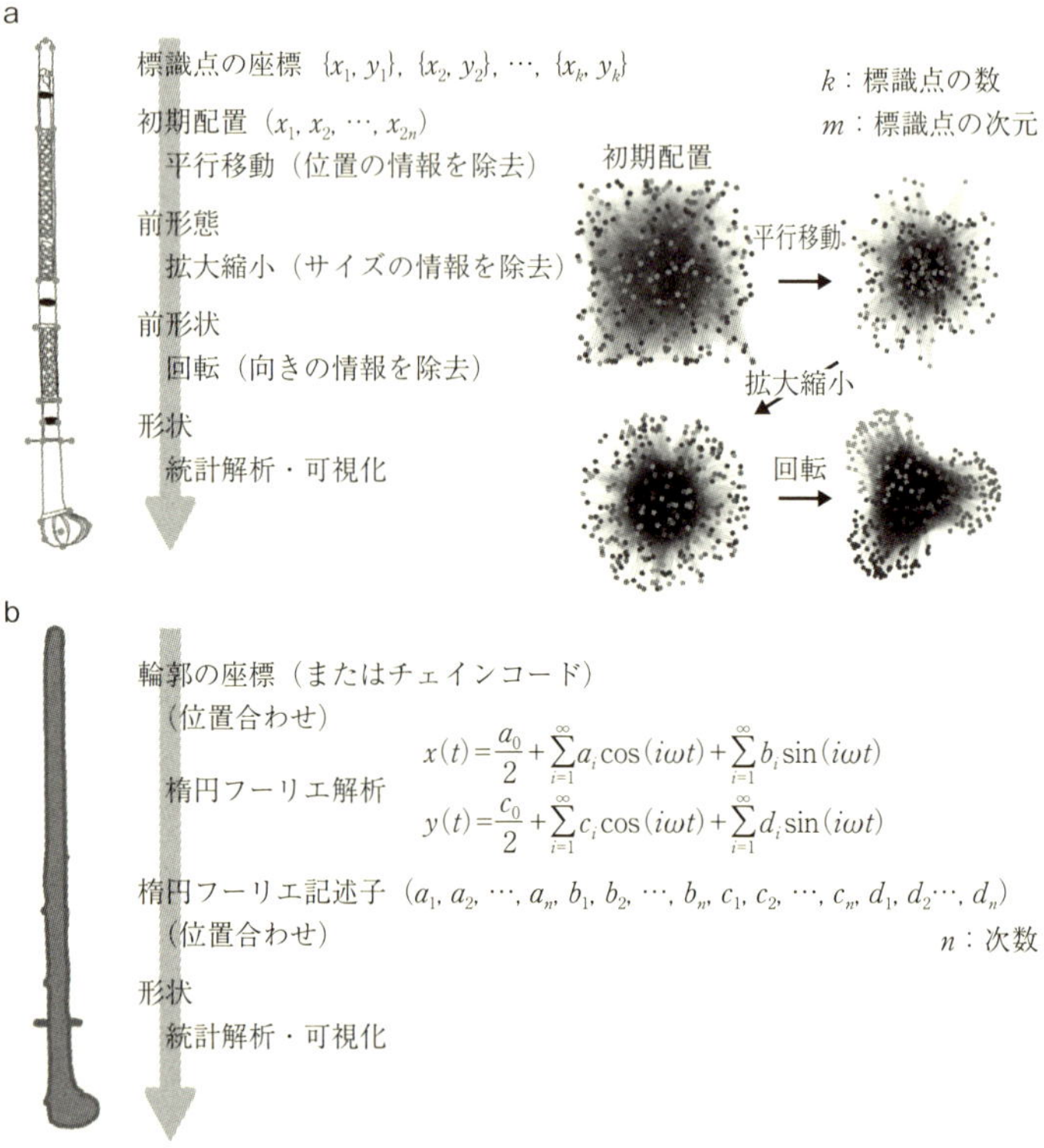

図 2　幾何学的形態測定学の解析手順

a. 標識点ベース形態測定学の解析手順。標識点の集合で対象のかたちをモデル化し、位置・サイズ・向きの情報を除去することで形状を取り出す。得られた形状のデータは形状空間に分布するが、多くの場合は接空間を考え線形化してからさまざまな統計解析を行う。b. 輪郭ベース形態測定学の解析手順。輪郭の座標データもしくはチェインコードから楕円フーリエ記述子として輪郭形状の定量化を行う。位置合わせの方法や実行のタイミングは解析の対象により異なる（3.4 節）。最終的に得られた形状データに対し主成分分析などの次元圧縮手法を適用した後で、さまざまな統計解析を行う。a および b の大刀の図は松木（1999）より改変。

何学的性質

幾何学的形態測定学では形状あるいは形態を「かたち」の定義として解析を行う。本補遺では、形状を扱うための幾何学的形態測定学の解析方法を見ていこう。形態あるいはサイズ－シェイプの取り扱いについてはDryden and Mardia（2016）などを参照してほしい。

1.2　幾何学的形態測定学における二大流派

形状を定量的に解析するための具体的な手法群として、幾何学的形態測定学には大きく分けて二つの流派が存在する。一つは、資料間の対応点である標識点（landmark）の集合で形状をモデル化する「標識点ベース形態測定学（landmark-based morphometrics）」である（図2.a）。この手法は、標識点の集合から、位置、サイズ、向きの情報を取り除き、最終的に得られる形状のデータを考察の対象とする。理論的な基盤は形状理論として体系化されており、解析の手順も整備されている。

もう一つは、対象の輪郭に注目し、何らかの関数で輪郭をモデル化する「輪郭ベース形態測定学（outline-based morphometrics）」である（図2.b）。モデル化にもちいる関数はさまざまであるが、フーリエ級数がよくもちいられる。フーリエ級数は、多数の三角関数を足し合わせたものである。つまり、もともとの複雑な（輪郭）形状を、より単純な（波長の異なる）三角関数の足し合わせで表現する。

しかし、どのタイミングでサイズや向きの情報を取り除く、もしくは調整する必要があるかなど、標識点ベース形態測定学に比

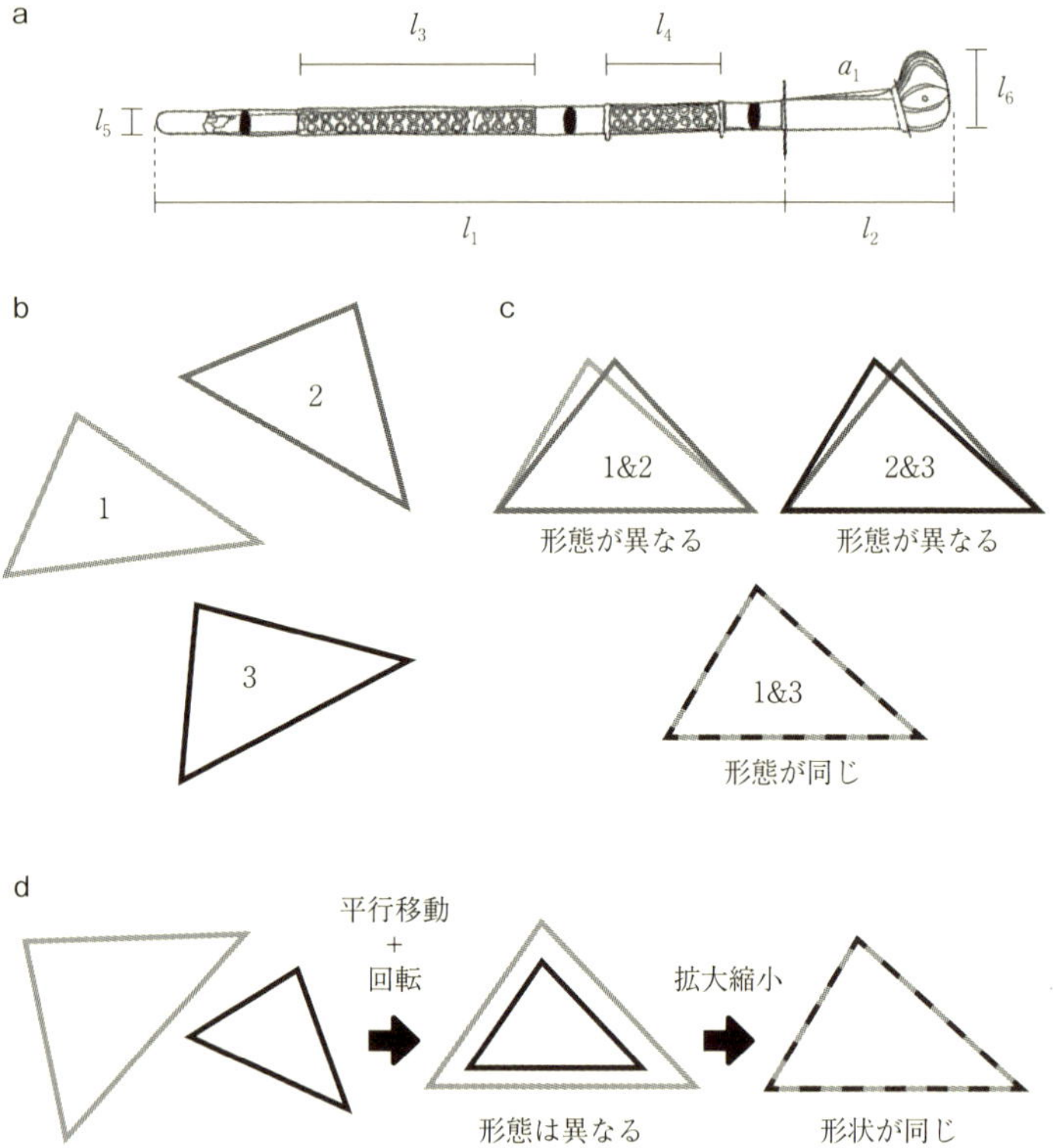

図1　形態と形状

a. 伝統的形態測定学における計測の例。長さ（$l_1, l_2, \cdots, l_6$）や角度（a_1）を測り、その集まりで資料の「かたち」を記述する。b. 三角形の例。三つの三角形のうち二つが同じ「かたち」をもつ。c. b の三角形の位置と向きを変更し、それぞれのペアを重ね合わせた。1と3のペアの形態が同じであることがわかる。d. 二つの三角形は平行移動と回転を適切に行っても一致しない（形態が異なる）。しかし、さらに拡大縮小を適切に行うことで一致する（形状が同じ）。

1.1　形状と形態あるいはサイズ－シェイプ

形状とは、対象の幾何学的性質の中でも位置・向き・サイズによらない性質のことである。具体例を見てみよう。図1.bには三つの三角形がある。このなかで同じかたちをもつ三角形はどれとどれだろうか？　考えてみてほしい。おそらく頭の中で三角形の位置や向きを変えてたがいに重ならないかどうかを試してみたのではないだろうか。これらの幾何学的操作をそれぞれ平行移動（位置の変更）と回転（向きの変更）と呼び、これらの操作の結果変わらない性質（幾何学的不変量）を形態（form）またはサイズ－シェイプ（size-and-shape）と定義する。図1.cをみると三角形1と3のペアでは形態が同じで、その他のペアでは異なることがわかる。

もう一歩踏み込んでみよう。図1.dには二つの三角形がある。平行移動と回転をいくら頑張ってもこの二つの三角形をピタリと重ね合わせることはできない。つまり、これら二つの三角形の形態は異なる。しかし、適切に拡大縮小を行うと重ね合わせることができる。拡大縮小によって変わる幾何学的な性質をサイズ（size）という。そして、平行移動・回転・拡大縮小のいずれによっても変わらない性質を形状（shape）と定義する。図1.dの例では、二つの三角形の形態は異なるが形状は同じといえる。

整理しよう。

形態（サイズ－シェイプ）：平行移動・回転しても変わらない幾何学的性質

— サイズ：拡大縮小により変わる性質

— 形状：平行移動・回転・拡大縮小しても変わらない幾

補遺　幾何学的形態測定学とRを使った解析例

野下浩司・田村光平

1　幾何学的形態測定学

対象の「かたち」を定量的に取り扱いたい。幾何学的形態測定学（geometric morphometrics）はこうした状況に有用なツールを提供してくれる。形態測定学（morphometrics）とは、対象の「かたち」を定量的に計測・解析するための理論体系である。「伝統的な」形態測定学（traditional morphometrics）では、対象のさまざまな部位の長さや角度を測り解析する。たとえば、大刀の「かたち」を定量的に評価しようと思うなら、資料の高さや幅、柄の反り具合などを計測し、その計測値の集まりでかたちを記述する（図1.a、松木1999より改変）。こうして得られた「かたち」の情報は冗長であったり、逆に捨象しすぎていたりすることが多い。言い換えれば、「かたち」のデータから「かたち」を復元できない、もしくは同じところを何度も測っているといえる。幾何学的形態測定学では、対象の形状（shape）と呼ばれる性質を主に取り扱う。これにより過不足なく「かたち」に関する情報を得ようと試みる。まず、形状の定義を示し、幾何学的形態測定学の簡単な説明をしよう。

は　行

ま　行

や　行

ら　行

索　引

（文学、九州大学）。現在は岡山大学大学院社会文化科学研究科教授。専門は考古学。主な業績に『認知考古学の理論と実践的研究：縄文から弥生への社会・文化変化のプロセス』（九州大学出版会、2000 年）、『縄文のムラと社会』（岩波書店、2005 年）など。

三中信宏＊（みなか・のぶひろ） 5 章
1958 年生。東京大学大学院農学系研究科博士課程修了。博士（農学、東京大学）。現在は国立研究開発法人農業・食品産業技術総合研究機構農業環境変動研究センター環境情報基盤研究領域統計モデル解析ユニット長および東京大学大学院農学生命科学研究科教授。専門は進化生物学・生物統計学。主著に『生物系統学』（東大出版会、1997 年）、『系統樹思考の世界』（講談社、2006 年）、『文化系統学への招待』（編著、勁草書房、2012 年）、『系統樹曼荼羅』（NTT 出版、2012 年）、『思考の体系学』（春秋社、2017）など。

山口雄治（やまぐち・ゆうじ） 2 章
1982 年生。岡山大学大学院社会文化科学研究科博士後期課程修了。博士（文学、岡山大学）。現在は岡山大学埋蔵文化財調査研究センター助教。専門は考古学。主な業績に「中国地方縄文時代中・後期の居住形態」『考古学研究』（2008）54-4 など。

et al. (2016). Violence in the prehistoric period of Japan: The spatiotemporal pattern of skeletal evidence for violence in the Jomon period. *Biology Letters*, 12, 20160028、『人間進化の科学哲学：行動・心・文化』(名古屋大学出版会, 2015年)、Nakao, H. and Andrews, K. (2014). Ready to learn or ready to teach: A critique to the natural pedagogy theory. *Review of Philosophy and Psychology*, 5(4), 465-483 など。

中川朋美（なかがわ・ともみ） 4章
1990年生まれ。現在は岡山大学大学院社会文化科学研究科博士後期課程在学中。修士（文学、岡山大学)。専門は考古学。主な業績に Nakagawa et al. (2017). Violence and warfare in the prehistori Japan. *Letters on Evolutionary Behavioral Science*, 8(1), 8-11 など。

野下浩司（のした・こうじ） 補遺
1987年生。九州大学大学院システム生命科学府博士課程修了。博士（理学、九州大学)。現在は科学技術振興機構さきがけ専任研究員。専門は形態測定学、数理生物学。主な業績に、Noshita, K., Shimizu, K., and Sasaki, T. (2016) Geometric analysis and estimation of the growth rate gradient on gastropod shells. *Journal of Theoretical Biology* 389, 11-19. など。

松木武彦＊（まつぎ・たけひこ） はじめに・3章
1961年生。大阪大学大学院文学研究科博士課程修了。博士（文学、大阪大学)。現在は国立歴史民俗博物館教授。専門は考古学。主著に『進化考古学の大冒険』(新潮社、2009年)、『古墳とはなにか：認知考古学からみる古代』(角川学芸出版、2011年）など。

松本直子（まつもと・なおこ） 2章
1968年生。九州大学大学院文学研究科博士課程修了。博士

執筆者紹介（50音順、＊印は編者）

有松 唯（ありまつ・ゆい） 2章
1983年生。リヨン第2大学博士課程修了。古代世界言語・歴史文明学博士号。専門は考古学。現在はUNESCO Communication and Information Sector Junior Professional Officer。主な業績に『帝国の基層』（東北大学出版会、2016年）など。

井原泰雄（いはら・やすお） 1章
1971年生。東京大学大学院理学系研究科博士課程修了。博士（理学、東京大学）。現在は東京大学大学院理学系研究科講師。専門は進化人類学。主な業績に、「雄による子の世話と配偶システムの進化」『生物科学』58（2007), 68-76;「『人間性』の起原と文化伝達」『Mobile Society Review 未来心理』15（2009), 40-49; Evolution of culture-dependent discriminate sociality: a gene-culture coevolutionary model. *Philosophical Transactions of the Royal Society B* 366（2011), 889-900.

田村光平（たむら・こうへい） 2章・3章・補遺
1985年生。東京大学大学院理学系研究科博士課程修了。博士（理学、東京大学）。現在は東北大学学際科学フロンティア研究所助教。専門は人類学・文化進化。主な業績に、Tamura and Ihara（2017）Quantifying cultural macro-evolution: A case study of the hinoeuma fertility drop. *Evolution and Human Behavior* 38, 117-124. など。

中尾 央＊（なかお・ひさし） はじめに・4章・おわりに
1982年生。京都大学大学院文学研究科博士課程単位取得退学。博士（文学、京都大学）。現在は山口大学国際総合科学部助教。専門は科学哲学・科学技術社会論。主な業績にNakao

文化進化の考古学

2017年8月5日　第1版第1刷発行

中尾　　央
編著者　松木武彦
三中信宏

発行者　井村寿人

発行所　株式会社　勁《けい》草《そう》書房

112-0005　東京都文京区水道2-1-1　振替　00150-2-175253
（編集）電話　03-3815-5277／FAX　03-3814-6968
（営業）電話　03-3814-6861／FAX　03-3814-6854
本文組版 プログレス・日本フィニッシュ・松岳社

ISBN978-4-326-24845-2　　Printed in Japan

http://www.keisoshobo.co.jp

中尾　央
三中信宏　編著
文化系統学への招待
文化の進化パターンを探る
A5判　三二〇〇円
10216-7

エリオット・ソーバー
三中信宏　訳
過去を復元する
最節約原理、進化論、推論
A5判　五〇〇〇円
10194-8

マイケル・トマセロ
橋彌和秀　訳
ヒトはなぜ協力するのか
四六判　二七〇〇円
15426-5

キム・ステレルニー
田中・中尾・源河・菅原　訳
進化の弟子
ヒトは学んで人になった
四六判　三四〇〇円
19964-8

太田博樹
長谷川眞理子　編著
ヒトは病気とともに進化した
四六判　二七〇〇円
19945-7

＊表示価格は二〇一七年八月現在。消費税は含まれておりません。